S.O.S. da ONG

GUIA DE GESTÃO PARA ORGANIZAÇÕES DO TERCEIRO SETOR

CARO LEITOR,

Queremos saber sua opinião sobre nossos livros.
Após a leitura, curta-nos no facebook/editora-gentebr, siga-nos no Twitter @EditoraGente e visite-nos no site www.editoragente.com.br.
Cadastre-se e contribua com sugestões, críticas ou elogios.

Boa leitura!

José Alberto Tozzi

execução — conhecimento — estrutura — sustentabilidade

S.O.S. da ONG

parceiros

GUIA DE GESTÃO PARA ORGANIZAÇÕES DO TERCEIRO SETOR

Gente editora

Diretora
Rosely Boschini

Gerente Editorial
Marília Chaves

Editora
Carla Fortino

Estagiária
Natália Domene Alcaide

Editora de Produção Editorial
Rosângela de Araujo Pinheiro Barbosa

Controle de Produção
Karina Groschitz

Diagramação e preparação de texto
Entrelinhas Editorial

Capa
Rodrigo Cesar

Revisão
Vero Verbo Serviços Editoriais

Impressão
Yangraf

Rua Pedro Soares de Almeida, 114
São Paulo, SP — CEP 05029-030
Telefone: (11) 3670-2500
Site: http://www.editoragente.com.br
E-mail: gente@editoragente.com.br

Dados Internacionais de Catalogação na Publicação (CIP)
Angélica Ilacqua CRB-8/7057

Tozzi, José Alberto
S.O.S da ONG : guia de gestão para organizações do Terceiro Setor / José Alberto Tozzi. — São Paulo : Editora Gente, 2015.
160 p.

ISBN 978-85-452-0074-1

15-0908 CDD-658.048

Índice para catálogo sistemático:
1. Organizações não governamentais — Administração 658.048

Aos meus netos, Gabriela e Caio Stern Tozzi.

AGRADECIMENTOS

"Em Deus vivemos, e n'Ele nos movemos."
Paulo de Tarso

Agradeço a todos os meus clientes, que demandam mais e mais de mim, o que é uma grande fonte de motivação. Aos meus professores e alunos, que na trajetória acadêmica são uma grande fonte de inspiração. Em especial, ao professor Luciano Junqueira, que tem sido um mestre ao longo dos últimos anos.

Fazem parte da minha jornada no Terceiro Setor, de forma muito especial, e por isso lhes agradeço muito: o Instituto Gesc; o Núcleo de Estudos Avançados do Terceiro Setor (Neats); a Comissão de Direito do Terceiro Setor (OAB/SP); o Núcleo Paulus de Formação, Pesquisa e Disseminação Social da Faculdade Paulus de Tecnologia e Comunicação (Fapcom); e o Diálogo Social e a Coordenadoria-Geral de Especialização, Aperfeiçoamento e Extensão da PUC-SP (Cogeae). Com esses grupos especiais e os cursos dedicados ao desenvolvimento do Terceiro Setor no Brasil, aprendo continuamente, o que contribui sobremaneira para meu crescimento profissional e pessoal.

A meu amigo, Rogério Paganatto, que me orientou nos primeiros passos no Terceiro Setor. Talvez, sem seu apoio e incentivo, eu não tivesse continuado. Cabe destacar o grande apoio do amigo Cláudio Ramos, advogado especializado em Terceiro Setor, que gentilmente revisou e discutiu os aspectos jurídicos tratados neste livro.

Muito especialmente, ao grande amigo Roberto Shinyashiki, com quem tudo começou, lá em nosso MBA, nos idos de 1990, quando tomei conhecimento do projeto de voluntariado da Associação dos MBAs da FIA (USP na época), e entrei em contato com o Terceiro Setor, pela primeira vez.

De lá para cá, com sua amizade, seus "empurrões", seu apoio e total suporte, junto com toda a equipe liderada pela querida amiga Rosely Boschini, é lançado este livro — precisaram de paciência!

Agradeço à minha família, em especial à minha mulher Leony, que, ao meu lado, sempre ilumina meus passos.

À minha filha Mariana. Ao meu filho Rodrigo e à minha nora Renata, que me deram dois grandes presentes, os meus netos, que, apesar de recém-chegados, já influenciam fortemente a dinâmica de nossa vida: Gabriela e Caio, dedico este livro a vocês!

PREFÁCIO

É preciso fazer o esforço render resultados

Todo esforço dedicado a uma ONG tem de dar retorno em termos de resultados para as pessoas que são cuidadas por ela.

Contudo, é muito comum depois de um tempo de dedicação a essa missão, os líderes de uma ONG ficarem frustrados por não ver seus objetivos se realizarem.

Meu coração fica apertado e fico muito triste quando vejo que tantas pessoas se dedicam com toda energia para realizar sua missão de vida, por meio do trabalho em uma ONG, mas seu esforço não ajuda as pessoas na mesma intensidade da sua dedicação.

Muitas vezes, as pessoas culpam a captação insuficiente de recursos, como se fosse a vilã de inúmeros projetos sociais frustrados, dentro do Terceiro Setor. O que é preciso entender, porém, é que, mais até do que "não captar recursos suficientes", a ineficiência da administração de uma ONG é o principal inimigo responsável pelas ações desta não darem o resultado buscado.

Não quero aqui falar em "culpa" de uma pessoa ou outra, mas chamar sua atenção para o fato de que a falta de recursos e conhecimentos em gestão impede que sejam criadas e mantidas ONGs economicamente sustentáveis e capazes de atingir seus resultados sociais.

Esse problema, no entanto, pode ser resolvido pela transmissão de conceitos de planejamento e metodologia de gestão, visando a maior eficiência na utilização dos recursos e na formação dos profissionais envolvidos.

Infelizmente, a realidade é que os livros existentes no mercado, que poderiam ajudar nesse sentido, são muito técnicos e focados em áreas específicas do Terceiro Setor, enquanto o que se mostra realmente necessário é passar uma visão sistêmica dos processos do Terceiro Setor, com uma metodologia prática e geradora de resultados mensuráveis para e pelas ONGs.

Neste livro, José Alberto Tozzi mostra um caminho eficaz para ajudar os líderes dos empreendimentos sociais no Terceiro Setor a conseguir o retorno merecido de toda sua dedicação, gerando mais benefícios para o público de que tomam conta.

S.O.S. da ONG é o melhor guia de gestão para organizações do Terceiro Setor já escrito e publicado em nosso país. Portanto, ele se torna um importante manual para quem quer ter resultados nessa área.

Aqui você vai conhecer as questões essenciais sobre o funcionamento das ONGs, como: planejamento financeiro, importância de tornar sua entidade autossustentável, o que é fluxo de caixa, como formar colaboradores com excelência. Tudo isso com linguagem acessível e conteúdo bem estruturado.

Esse é um ponto de partida indispensável para todas as pessoas que trabalham nas ONGs, e no Terceiro Setor em geral, que querem efetivamente ver seus esforços se transformarem em resultados, em benefício da comunidade.

A missão deste livro é proporcionar a sustentabilidade das ONGs por meio da transmissão de conhecimentos e de metodologia de gestão, garantindo seu resultado social.

Por isso mesmo, e muito mais, José Alberto Tozzi é meu ídolo e meu mentor. Além de ser um estudioso do tema, inclusive com mestrado em Administração com foco no Terceiro Setor, ele tem uma experiência de mais de quinze anos na área, ajudando essas entidades a realizar seus objetivos. Além do que, Tozzi é um ser humano muito especial, que tem muito a passar para todos os que tiverem contato com seu trabalho.

Tozzi traz para a luz a grande verdade de que a solução para os problemas do Terceiro Setor virá com a aplicação de uma metodologia que permita o diagnóstico, a visão integrada de processos, a implantação da solução e o acompanhamento dos resultados, integrando toda a entidade. Segundo seu modo de pensar, o autor frisa que “As operações de uma ONG devem ser vislumbradas seguindo uma metodologia de processos em que todas as áreas são integradas”.

Penso que somente por intermédio dessa visão será possível a cada entidade do Terceiro Setor, cada ONG, deixar sua marca como instituição voltada para a melhoria social e do mundo, e alcançar de vez a realização do seu propósito, da sua missão.

E o legado será, sem dúvida, um futuro melhor para todos.

Roberto Shinyashiki
Médico, escritor e palestrante

SUMÁRIO

NOTAS DO AUTOR

Terminologia

O Terceiro Setor tem várias terminologias para identificar uma entidade. Segundo o Código Civil Brasileiro, temos as seguintes terminologias legais para nos referir a uma entidade sem fins lucrativos: associações e fundações.

Títulos, qualificações e registros

Uma entidade sem fins lucrativos, associação ou fundação, que tenha como missão o interesse social, pode obter os principais diferenciais a seguir:

- UPF, UPE e UPM — Utilidade Pública Federal, Utilidade Pública Estadual e Utilidade Pública Municipal;
- OSCIP — Organização da Sociedade Civil de Interesse Público;
- OS — Organização Social;
- Cebas — Certificado de Entidade Beneficente de Assistência Social.

Além dos nomes citados, uma entidade do Terceiro Setor pode ter as seguintes denominações, que, apesar de não terem previsão legal, são comumente usadas:

- ONG — Organização Não Governamental;
- OSC — Organização da Sociedade Civil;
- instituto — nome fantasia de uma associação ou fundação;
- entidade — termo genérico;
- organização — termo genérico
- OSFL — Organizações Sem Fins Lucrativos;
- filantrópica — entidades portadoras do Cebas que prestam serviços sociais, comumente nas áreas de saúde, educação e assistência social.

Neste livro, foi escolhida a terminologia ONG, pois é mais utilizada. Também serão usados os termos genéricos entidade e organização.

Aplicação dos conceitos do livro

Tenho consciência da heterogeneidade das entidades do Terceiro Setor. Por isso, todo o conteúdo deste livro foi elaborado para que você possa aplicar os conceitos a qualquer tipo de ONG, expandindo e detalhando-os para aquelas de maior porte e simplificando-os para as entidades pequenas e de estruturas mais simples.

APRESENTAÇÃO

Para iniciar este caminho de descobertas sobre o Terceiro Setor e descobrir como essa divisão da sociedade pode se revelar oportuna para seu crescimento e desenvolvimento, quero compartilhar com você parte da minha história. Afinal, é praticamente impossível separar a minha vida do Terceiro Setor.

Venho de uma família humilde, do interior de São Paulo, que sempre batalhou muito para conseguir colocar comida na mesa e manter a casa em pé. No passado, em um momento de muita dificuldade, uma entidade nos ajudou — e assim se deu meu primeiro contato com esse universo, que eu sequer imaginava que um dia seria determinante na minha vida. A ajuda que recebi daquela entidade foi transformadora, mudou os rumos de meu caminho. O ato de ter compaixão e o de olhar a necessidade do próximo são inspiradores e criaram marcas que carregarei para onde quer que eu vá.

Com o passar dos anos e as dificuldades, algo aflorava dentro de mim. Na juventude, tinha um único sonho: morar em uma grande cidade para estudar, trabalhar e subir na vida. Hoje, ao olhar tudo o que construí, alegro-me ao ver que meus objetivos foram conquistados, felizmente, com muita vontade, muito esforço e muita garra. Você bem sabe, o mundo muitas vezes nos mostra suas piores faces e cabe a cada um a decisão de se superar, seja qual for o desafio.

Pois bem, foi ainda no interior que tive acesso à minha formação básica: estudei ginásio e colegial — que hoje são conhecidos, respectivamente, como ensino fundamental e médio. Com a ideia fixa de ir para a cidade grande, ao completar 17 anos me mudei para uma cidade maior e, aos 19, para a capital paulista: queria cursar Medicina. Foram dois anos tentando, mas a grande concorrência, a falta de tempo para estudar e a necessidade de trabalhar para me sustentar me fizeram desistir.

Passado esse insucesso, São Paulo abriu uma nova porta para mim e fui estudar na Fundação Getulio Vargas (FGV). Imagine um jovem que vinha do interior sem conhecer muita coisa... Para mim, a cidade era como um grande labirinto. No entanto, isso não me assustou. Eu sabia do valor da minha empreitada.

Um garoto que, sem ter onde morar, estudar ou trabalhar, esforçou-se para fora de sua zona de conforto, buscando o que mais desejava. Ainda que às vezes eu me pergunte de onde veio essa coragem, a resposta é clara: essa é a força de um sonho.

Não demorou muito para a grande dose de coragem receber a companhia de muito planejamento: calculei o fundo necessário para sobreviver até arrumar um emprego. Algum tempo depois de chegar à capital, uma grande empresa com sede na avenida Paulista me contratou. Logo mais passei no vestibular da Fundação Getulio Vargas (FGV). Era preciso, então, conciliar emprego e faculdade. Toda a minha jornada de trabalho se baseava em constante dedicação para demonstrar minha competência, enquanto eu buscava uma pensão perto da faculdade. Lá, morei com amigos — alguns deles me acompanham até hoje.

Com a vida profissional enveredada no Segundo Setor, comecei minha carreira trabalhando em áreas como auditoria e consultoria. Alcancei o cargo de executivo em alguns desses negócios, e fui, até, para o interior de São Paulo.

Depois de cursar Administração, Contabilidade e me pós-graduar em Sistemas, fui em busca de um MBA na Universidade de São Paulo (USP), num lugar conhecido hoje como Fundação Instituto de Administração (FIA). Residia no interior e voltava à capital nos fins de semana para estudar, mal podia imaginar que essa experiência seria o primeiro sinal da minha grande contribuição para o Terceiro Setor.

No curso de MBA havia uma disciplina voltada para cidadania. Lá, assisti à apresentação de uma associação de alunos e ex-alunos do curso. O projeto, que se baseava na transferência de conhecimento de gestão dos envolvidos para ONGs, era gratuito e voluntário. Encantei-me.

Então, o tempo e o destino se encarregaram de me colocar nas mãos do Roberto Shinyashiki; os três, juntos, levaram-me à Associação dos MBAs da FIA como diretor administrativo e financeiro. Não demorou para que eu começasse a lecionar Gestão Financeira em um projeto de treinamento conhecido como Gestão para Entidades da Sociedade Civil (Gesc). Daí, foi um pulo para estruturar uma carreira no Terceiro Setor.

Aquele era o começo de uma série de auditorias e consultorias para entidades — que, hoje, já contam quinze anos de experiência na área. Tudo o que aprendi e vivi naqueles primeiros anos foi fundamental para que minha carreira chegasse ao status de hoje. Assim, como meio de retribuição, carrego nos dias atuais, com imenso carinho e dedicação, a responsabilidade de ministrar aulas voluntárias no Gesc. Acredito que transmitir conhecimento é minha missão de vida e algo que me dá muito prazer e gratidão.

Ainda com todas essas conquistas, queria aprender mais. Percebi, então, que era hora de buscar um mestrado em Administração. A escolhida foi a Pontifícia Universidade Católica (PUC) de São Paulo, uma vez que o curso tinha cunho social e era voltado à visão de políticas públicas, algo que eu nunca tinha estudado. Foi uma experiência ótima e expandiu meus horizontes.

Foi então que recebi o convite para dar aulas em cursos de especialização da PUC na Coordenadoria-Geral de Especialização, Aperfeiçoamento e Extensão (Cogeae). Essa foi uma experiência muito válida e gratificante, que muito me ensinou, especialmente por ter sido a primeira oportunidade de ministrar cursos regulares, com banca e orientação para Trabalhos de Conclusão de Curso.

Hoje, conselheiro do Instituto Gesc — entidade focada na pesquisa de soluções para o Terceiro Setor — e presidente da Tozzi Associados, só tenho a agradecer por tudo o que o Terceiro Setor e a importância dessa consciência social me inspiraram a realizar.

Esse é o caminho que trilhei. Esses são os passos que me possibilitaram viver a convergência de conhecimentos práticos com a teoria e, como resultado, começar a me considerar uma pessoa preparada para compartilhar com você tudo o que aprendi.

Todas as minhas escolhas me levam, muitas vezes, a trabalhos voluntários e não remunerados — mas não qualquer tipo de voluntariado, e sim aquele que se dedica ao conhecimento. E esse conhecimento, no fim das contas, não somaria nada se eu não contribuísse para a sociedade da qual faço parte. Entender isso foi um dos aspectos que me guiaram para cada um desses lugares e objetivos.

É chegada a hora de concretizar mais um sonho. Já faz muito tempo que tenho o desejo de transferir toda essa experiência em livros, mas o medo costumava tomar conta de mim. Foi graças ao incentivo de Roberto Shinyashiki (mais uma vez!), de Rosely Boschini, Gilberto Cabeggi e de todos da Editora Gente que, enfim, comecei este projeto.

O resultado disso tudo é este livro (espero que apenas o primeiro de muitos), que agora descansa em suas mãos. Você encontrará aqui todo o meu aprendizado. Minha predileção por uma visão sistêmica, com processo, controles e informações gerenciais (itens fundamentais para um bom gestor), faz destas páginas uma mistura com o essencial da teoria e um grande foco no modo prático — uma vez que de nada adianta ter em mãos todo o "modo de fazer" sem saber aplicá-lo na vida real. Procurei desenvolver um trabalho para dotar as ONGs e todos os que desejam enveredar pelas possibilidades do Terceiro Setor de uma visão sistêmica com processos estruturados e planejamento para que seus sonhos alcancem uma situação econômica sustentável.

Boa leitura e sucesso!

INTRODUÇÃO

Transformar realidades

Tenho um compromisso muito forte com o Terceiro Setor. Além da experiência pessoal, vejo que essa é uma opção importantíssima para os cuidados com a sociedade. Ainda mais a partir do momento em que me dei conta de que havia me tornado parte integrante dessa área como agente transformador e percebi como falta conhecimento de gestão à maioria das ONGs.

Nada é mais tocante do que ver o trabalho social e seu impacto na vida das pessoas que demandam essa contrapartida daqueles que possuem os recursos básicos. Contudo, é realmente triste perceber que a principal razão para que muitas entidades fechem as portas relaciona-se a problemas de cunho administrativo.

Para entender um pouco mais da essência do Terceiro Setor, ofereço uma pequena explicação. O Terceiro Setor é baseado num conjunto de ações promovidas pela sociedade civil a fim de colaborar na execução das políticas públicas. No Brasil, de acordo com a legislação, essas ações são classificadas como provenientes de entidades sem fins lucrativos, preocupadas com valores sociais e que se colocam como um novo segmento, além do Estado e do mercado.

E não pense que esse tipo de iniciativa é recente. No decorrer da história da humanidade, sempre tivemos relatos de busca por modelos de organização que melhorassem a distribuição dos recursos disponíveis para o bem coletivo.

Podemos pensar que essa responsabilidade de organizar a sociedade, distribuir seus recursos e priorizar os setores que necessitam de investimentos seja apenas do Estado. O problema é que mesmo no passado o Estado nem conseguia os melhores resultados. Como ocorre atualmente, as prioridades são distorcidas e o trabalho social é colocado à margem das principais demandas.

A partir de cenários como esse, grupos de pessoas que até então desempenhavam ações sociais apenas como caridade sentiram a necessidade de buscar outro papel. Vem daí a criação do Terceiro Setor, responsável por centralizar seus esforços e seus recursos para determinado alvo, uma vez que, como acontece em qualquer negócio, para obter resultados satisfatórios é preciso ter foco.

O grande avanço do Terceiro Setor aconteceu mesmo no século XX. Os Estados Unidos foram os precursores ao transformar esse novo setor num braço da sociedade que, ainda que pudesse ter recursos do Estado, não dependesse só dele para idealizar e realizar suas ações.

A partir dessa iniciativa, o Terceiro Setor passou a ser discutido no mundo todo, o que impulsionou sua regulamentação, dada sua importância para o fortalecimento da sociedade e a necessidade de que fosse reconhecido para começar suas obras.

Na América Latina, as primeiras iniciativas quanto às Organizações Não Governamentais apareceram entre as décadas de 1940 e 1960. As diferentes formas de exclusão social, unidas à incapacidade dos governos (na maioria populistas) de realizar ações significativas, fizeram com que a população — de certa maneira revoltada com a política local e convivendo com a crise no setor público, a corrupção, a má gestão, a revolução das necessidades socioeconômicas e os graves problemas sociais de miséria, violência, desemprego e preconceito — se organizasse em grupos para defender seus direitos em busca de justiça e liberdade.

No Brasil, só houve desenvolvimento significativo do Terceiro Setor depois da Constituição Federal de 1988, que marcou o chamado para uma sociedade civil mais ativa, parceira na execução e na formulação de políticas públicas, ou seja, auxiliadora do Estado para a implantação dos direitos sociais fundamentais.

Apesar dessa separação, é importante reconhecer a proximidade da Igreja e do Estado na construção do conceito de Terceiro Setor. Sabemos que a Igreja, independentemente das questões de crença, foi, e ainda é, muito importante para as iniciativas sociais.

Contudo, o Terceiro Setor, assim como as outras esferas da nossa sociedade, transforma-se e aprimora-se ano após ano. Se olharmos para tudo o que vem acontecendo desde os anos 1990, notamos uma evolução do Terceiro Setor que exigiu políticas de transparência, sustentabilidade e outros fatores que se colocam a fim de profissionalizar a gestão das ONGs. Acredito ser fundamental que as entidades trabalhem com visão moderna de administração, considerando planejamento, controle, processos e visão sistêmica.

O Terceiro Setor, hoje, tem autonomia e controle específico de cada movimento, ação, gasto e investimento. A gestão tornou-se — e tem se tornado cada vez mais — sofisticada, às vezes, mais do que em uma empresa com fins lucrativos.

Em 2002 o Departamento de Estatística da Organização das Nações Unidas (ONU) publicou o Manual de Instituições Não Lucrativas do Sistema de Contas Nacionais, um marco fundamental para o Terceiro Setor Mundial.

Por que estou falando tudo isso? Nos mais de quinze anos de experiência no Terceiro Setor, participei em várias organizações e ministrei cursos e palestras nas áreas de Finanças, Contabilidade, Prestação de Contas e Auditoria. Estar presente em tantos lugares diferentes possibilitou-me acompanhar todo esse desenvolvimento dos modelos de gestão e as metodologias escolhidas pelas entidades. Percebi, então, que, mesmo com todo esse desenvolvimento, um aspecto ainda falta: a profissionalização — ou melhor, a visão do todo acompanhada de uma metodologia de processos e governança atuante.

Esse problema parece-me resultado da falta de recursos e tempo para a formação de gestores, o que acarreta uma série de transtornos para a ONG. O cenário torna-se mais complicado quando desencadeia uma insuficiência crônica de recursos sem perspectiva de melhorias. Dessa maneira, como se diz, o gestor trabalha vendendo o almoço para comprar o jantar.

Então, é preciso ter estratégia para se desvencilhar da encruzilhada:

- adotar uma metodologia que permita diagnosticar a visão integrada do processo e, a partir disso, implantar a solução e acompanhar os resultados, para assim integrar todas as áreas da ONG;
- ter um controle confiável para que uma entidade possa visualizar a gestão de recursos como um processo;
- elaborar um planejamento para a captação de recursos, controle financeiro, gestão contábil e prestação de contas.

E qual a razão para esse meu convite? A sociedade pede por um movimento social realmente capacitado para ajudá-la a superar as adversidades. Esse é o meu compromisso. Quando vejo os números que apontam quão carente é a população brasileira, reconheço aí o sentido dos esforços de todos aqueles que se importam e querem um futuro melhor.

As ONGs representam um modelo de negócio extremamente relevante e com alto crescimento potencial. Segundo a Fasfil[1], no Brasil existem cerca de 290 mil organizações, as quais são responsáveis por empregar aproximadamente 5% dos trabalhadores brasileiros.

Quero convidá-lo a fazer parte desse grupo tão importante para que cheguemos cada vez mais longe em nossa sociedade. Para isso, você, como agente e colaborador, deve ajudar a abrir portas e caminhos para aqueles que necessitam que elas sejam abertas — assim como eu um dia precisei —, transformando sonhos em realidade. Minha proposta é analisar e aplicar, com você, um método que não só ajude a resolver os problemas de qualquer entidade sem fins lucrativos, mas que também colabore para que as iniciativas possam, a cada dia, alcançar mais e mais pessoas.

[1]INSTITUTO BRASILEIRO DE GEOGRAFIA E ESTATÍSTICA — IBGE. Gerência do Cadastro Central de Empresas. *As fundações privadas e associações sem fins lucrativos no Brasil 2010*. Rio de Janeiro: IBGE, 2012. (Estudos e pesquisas. Informação econômica, n. 8), p. 47.

1

Os desafios do Terceiro Setor

PANORAMA

Assim como qualquer camada de organização da sociedade, o Terceiro Setor também enfrenta grandes desafios. São muitas as demandas e as exigências que se apresentam à frente daqueles que desejam enveredar por esse caminho. Por isso, em primeiro lugar, para que você compreenda todos os quesitos de uma ONG, precisamos destrinchar o Terceiro Setor.

Como assim?

Quero que você entenda os aspectos básicos desse modelo de negócio antes de abordarmos os verdadeiros desafios para mantê-lo com sustentabilidade e autonomia.

Entender como o Terceiro Setor se organiza é muito importante para analisar, desde o início, como seu projeto pode se adaptar à regulação vigente e quais as vantagens e as desvantagens aliadas aos riscos que você pode correr na estruturação e na operacionalização das atividades que a entidade propõe.

Veja a seguir.

As entidades sem fins lucrativos

O Terceiro Setor é composto por entidades sem a finalidade de lucro — conceito que, no Brasil, gera algumas dúvidas, pois, segundo a legislação nacional, a não finalidade de lucro relaciona-se com a não distribuição de patrimônio, o não pagamento de dividendos e a não remuneração da diretoria. Termos como lucro e prejuízo são entendidos, nesse contexto, como o resultado entre receita e despesa, de acordo com relatórios de contabilidade — seja a entidade lucrativa ou não. Esses termos, em entidades sem fins lucrativos, são conhecidos como resultado positivo de superávit e negativos de déficit.

A questão é como tratar o lucro: se será distribuído de forma que ressalte as características lucrativas ou se é sempre reaplicado nos objetivos sociais da entidade. Se for o segundo caso, torna-se uma finalidade não lucrativa. Portanto, o lucro será utilizado na manutenção e na ampliação de atividades.

É importante ressaltar uma diferença entre o Segundo e o Terceiro Setor: a propriedade do patrimônio nas empresas do Segundo Setor, lucrativas, é dos seus acionistas, sócios e donos, que têm total autonomia para decidir os destinos das acumulações. Já o patrimônio de entidades sem fins lucrativos do Terceiro Setor não tem proprietário, pois é de interesse público — o que determina outra visão na condução dos destinos dessa entidade. Não existe, por exemplo, a figura do "Dong" (Dono da ONG). O patrimônio da empresa do Segundo Setor é distribuído para os proprietários, enquanto a entidade sem fins lucrativos o destina a outra entidade de mesma finalidade.

Também podemos distinguir preliminarmente as entidades sem fins lucrativos com interesses restritos (organizações religiosas e partidos políticos, por exemplo) e aquelas que possuem o viés de interesse social.

Existem pessoas jurídicas, sem fins lucrativos, criadas com interesses relacionados a uma classe de profissionais, como conselhos federais e regionais de uma profissão regulamentada. Embora não visem o lucro, sua missão é voltada para os interesses da classe de profissionais registrados e que pagam suas mensalidades ou anuidades. As ONGs têm a mesma conotação jurídica, mas seu objeto social ou missão não tem restrições a profissões, cor, credo, raça etc.

Segundo o IBGE[2], hoje, no Brasil, existem 556.846 entidades sem fins lucrativos. Na óptica do Terceiro Setor, 266.154 são entidades de interesse específico e 290.692 são entidades de interesse público, cuja missão está voltada para a sociedade como um todo, sem distinção ou discriminação.

Assim, é fundamental apresentar a você duas categorias importantes para quem deseja se engajar no Terceiro Setor por meio de um projeto pessoal: as associações e as fundações.

As associações

Associações surgem por meio da união de pessoas que se organizam para fins não econômicos — e não há, entre associados, direitos e obrigações recíprocos, apenas o comprometimento do funcionamento das associações. As pessoas em si são o recurso.

[2]INSTITUTO BRASILEIRO DE GEOGRAFIA E ESTATÍSTICA — IBGE. Gerência do Cadastro Central de Empresas. *As fundações privadas e associações sem fins lucrativos no Brasil 2010*. Rio de Janeiro: IBGE, 2012. (Estudos e pesquisas. Informação econômica, n. 8), p. 47.

Na prática, as associações iniciam suas atividades sem uma formalização adequada: um grupo que se identifica com determinada causa se reúne e decide fundar uma ONG. Ao focar a atividade, eles se esquecem dos meios e dos procedimentos iniciais, pois (ainda que esteja no começo) trazem despesas, e assim o grupo corre o risco de perder o controle econômico sem planejamento.

Certa vez atendi um casal que precisava de ajuda com uma ONG recém-formada. O projeto social começou a ser realizado sem que eles se preocupassem em formalizar a ONG, deixando-os sem condições necessárias para captar recursos, e, portanto, à mercê de suas contas bancárias pessoais. A prática gerou, desse modo, um grande déficit na conta, levando ao uso do limite de cheques especiais e a altas taxas de juros. Mais do que isso, o casal não teria a possibilidade de declarar a origem dos valores relativos à ONG no Imposto de Renda, criando um sério problema tributário. Como separar eticamente os recursos sociais dos pessoais para garantir a correta prestação de contas? Juntos, concluímos que o projeto nasceu errado e, com certeza, tinha tudo para não funcionar. A proposta crescia de modo insustentável e irregular.

Costumo brincar que uma associação é criada no calor da empolgação. Alguém tem a ideia e convida um grupo de amigos, aproximadamente quinze; faz-se uma primeira conversa na casa do idealizador, regada a café com bolo de fubá; na segunda reunião só aparecem dez; e, no fim, quem funda a ONG são cinco e quem trabalha mesmo são dois.

Não tenho a pretensão de que você encare as atividades-meio (gestão e controle administrativos e contábeis) como as mais importantes na criação e na operação de uma ONG, mas que entenda a importância delas para que o projeto seja sustentável e capaz de se estabelecer alicerçado com recursos seguros. Por isso, é essencial que os idealizadores de qualquer projeto tenham os conhecimentos básicos para iniciar seus empreendimentos.

Para não correr esses riscos de frustrar seu projeto em meio às questões impensadas, o primeiro passo é idealizar um estatuto que defina a vida da ONG em todas as suas instâncias, como se fosse a constituição de um país. No estatuto, o órgão de maior autoridade para a tomada de decisões é a assembleia geral, que exerce várias competências, tais como eleger e destituir os administradores, aprovar as contas e aprovar e alterar o estatuto.

Fundamental também é a administração da associação, o seu órgão executivo comumente chamado de diretoria executiva, direção-geral, presidência e termos similares. Sua função é executar as diretrizes aprovadas pela assembleia geral de acordo com as atribuições definidas no estatuto.

As fundações

Ao contrário das associações, as fundações são formalizadas quando recebem a destinação do patrimônio, que é doado por meio de escritura pública ou testamento. Além disso, sua criação deve ser aprovada pelo Ministério Público.

Uma diferença relevante entre as associações e as fundações é que estas podem ser instituídas tanto pelo poder público como pelo direito privado. No entanto, o Ministério Público deve acompanhar o processo de criação e constituição da fundação, quanto ao cumprimento de todos os requisitos legais necessários, bem como quanto à vontade dos instituidores, que em geral não está expressa em lei. Ele deverá exercer, ainda, uma ação contínua, o que envolve o acompanhamento das alterações no estatuto, o comparecimento às reuniões deliberativas, o exame de prestações de contas anuais e o acompanhamento das atividades em geral, quanto ao cumprimento das finalidades estatutárias.

Avalia-se o projeto social da fundação em relação aos recursos recebidos para realizá-los — isso não quer dizer que a fundação não terá problemas financeiros se os recursos forem mal geridos ou os desembolsos muito maiores que a renda do patrimônio, afinal, essas são situações que podem comprometer a sustentabilidade da entidade.

A administração da fundação será composta de, no mínimo, dois órgãos: deliberativo e executivo. Como o nome já diz, o órgão deliberativo é responsável por deliberar as diretrizes da fundação para atingir os fins previstos no estatuto. O conselho curador é responsável por eleger os membros do órgão executivo da fundação, aprovar a previsão orçamentária anual, deliberar acerca das prestações de contas e relatórios de atividades do órgão executivo, deliberar acerca da alienação de bens imóveis e aceitação de doações com encargos e alterar o estatuto.

É importante ter um órgão deliberativo, que se preocupa com o macro e a estratégia, e um órgão executivo, que se preocupa com o operacional do dia a dia. Mantidas essas responsabilidades, a governança da fundação tende a ter um funcionamento adequado com ótimos resultados.

Há também a figura do conselho fiscal, que zela pelo patrimônio da fundação e acompanha o uso de seus recursos, e ainda é o órgão responsável por examinar as prestações de contas do órgão executivo.

O órgão executivo pode receber diversas denominações, como diretoria executiva, diretoria administrativa, secretaria executiva, superintendência ou, ainda, alguns nomes próprios de fundações, como conselho diretor ou conselho de administração. É função desse órgão: executar as disposições estatutárias; cumprir as diretrizes estabelecidas pelo órgão deliberativo; praticar atos de gestão de recursos patrimoniais e humanos; propor ao órgão deliberativo a previsão orçamentária anual; prestar contas e apresentar relatórios de atividades ao órgão deliberativo, ao Ministério Público e a outros órgãos governamentais. Além disso, é de sua competência representar judicial e extrajudicialmente a fundação; manter em guarda e boa ordem todos os registros inerentes à pessoa jurídica, de natureza institucional, tributária, trabalhista, contábil etc.

Antes de idealizar uma nova ONG, veja em qual cenário seu projeto se enquadra. Se existe um patrimônio inicial a ser doado, estamos falando de uma fundação ("primo rico"). Caso não exista nenhum recurso inicial, o caminho é começar uma associação ("primo pobre").

Estatutos

Para que essas pessoas jurídicas possam existir, é preciso inscrever-se no ato constitutivo, com o devido registro e, no caso das fundações, com autorização ou aprovação do Ministério Público. A essa formalização damos o nome de estatuto. Como você já deve saber, quando as pessoas se juntam para realizar ações sociais, surge a necessidade de constituírem pessoas jurídicas, com direitos e deveres.

O estatuto é um documento extremante importante, na medida em que determina como a diretoria deverá operar a ONG, seus limites e suas responsabilidades. Então, ele deverá conter diversas informações:

- a denominação, os fins, a sede, o tempo de duração e o fundo social, quando houver;
- o nome e a individualização dos fundadores ou instituidores;
- o modo como se administra e representa, ativa e passivamente, judicial e extrajudicialmente;
- nas associações — as classes de associados, seus deveres e direitos;
- se o ato constitutivo é reformável no tocante à administração, e de que modo;
- se os membros respondem, ou não, subsidiariamente, pelas obrigações sociais;
- as condições de extinção da pessoa jurídica e o destino do seu patrimônio nesse caso.

Para que a entidade possa captar recursos públicos, o artigo 33 da Lei nº 13.019/2014 exige que tenha seu estatuto adaptado, mencionando explicitamente sobre:

I. objetivos voltados à promoção de atividades e finalidades de relevância pública e social;
II. a constituição de conselho fiscal ou órgão equivalente, dotado de atribuição para opinar sobre os relatórios de desempenho financeiro e contábil e sobre as operações patrimoniais realizadas;
III. a previsão de que, em caso de dissolução da entidade, o respectivo patrimônio líquido seja transferido a outra pessoa jurídica de igual natureza que preencha os requisitos desta Lei e cujo objeto social seja, preferencialmente, o mesmo da entidade extinta;
IV. normas de prestação de contas sociais a serem observadas pela entidade, que determinarão, no mínimo:
   a) a observância dos princípios fundamentais de contabilidade e das Normas Brasileiras de Contabilidade;

b) que se dê publicidade, por qualquer meio eficaz, no encerramento do exercício fiscal, ao relatório de atividades e demonstrações financeiras da entidade, incluídas as certidões negativas de débitos com a Previdência Social e com o Fundo de Garantia do Tempo de Serviço (FGTS), colocando-os à disposição para exame de qualquer cidadão.

OS DESAFIOS DE GESTÃO

A partir de todos esses pontos que descrevem o funcionamento do Terceiro Setor, percebemos como a gestão é fundamental para manter a entidade no caminho certo. Com isso em mente, apresento neste capítulo os principais desafios dos gestores e, mais adiante, como contorná-los.

Falta de recursos

Todos se queixam da falta de recursos. Será realmente esse o problema?

A falta de recursos é consequência da falta de planejamento e gestão. Muitos gestores acreditam que planejar é perder tempo e, por isso, deixam esse processo de lado e concentram-se em decisões imediatistas. O que tenho visto, porém, são ONGs com problemas financeiros, pois iniciaram o projeto antes de receber os recursos do investidor social ou porque fizeram mais projetos do que sua capacidade de captação permite.

Projetos sociais são muito necessários — e devem atender ao maior número de beneficiários, como está previsto na missão da própria ONG. Ainda assim, é preciso ter um planejamento mínimo para estruturar o plano de captação de recursos com os projetos propostos e saber, então, com firmeza, a real possibilidade de executá-los.

Por muito tempo fui diretor financeiro de uma associação. Todos os anos, em meados de novembro, fazíamos um orçamento macro, considerando as fontes de recursos conhecidas para o ano seguinte e os projetos propostos pelas diversas diretorias. O objetivo era simples: comparar os recursos disponíveis com a previsão de gastos de cada projeto. Depois de muitas conversas, em reuniões de diretoria, assim que um ponto de equilíbrio era alcançado, fechávamos um acordo e documentávamos tudo em uma ata, com a participação de toda a governança da associação.

No início do ano seguinte, com o planejamento de alocação de recursos estruturado, novas ideias e novos projetos surgiam. Para que fossem aceitos, porém, uma fonte adicional de recursos seria necessária, de modo que as ações já programadas não fossem prejudicadas.

Minha intenção, com esse exemplo, é mostrar a necessidade de tomar cuidado e se manter atento, pois novas ideias sempre surgem e empolgam, mas, quando os passos para a execução delas são questionados — especialmente a origem de recursos não previstos no planejamento anual —, a resposta pode ser evasiva, jogando a questão para outro departamento ou afirmando que tudo isso pode ser pensado ao longo do processo.

Participei da apresentação de um planejamento estratégico de uma ONG; um projeto excelente, dotado de toda a técnica e todos os conceitos modernos, mas, no final, perguntei-me qual seria o custo para executá-lo e de onde viriam os recursos. Esses fatores não tinham sido levados em conta, e assim o planejamento perdeu sua força: será que conseguiriam implantá-lo e ter os resultados esperados? Sem planejamento, orçamento e recursos, toda a projeção acaba se reduzindo a perda de tempo.

Antes de iniciar qualquer proposta, pergunte: qual é o custo e de onde virão os recursos? Esse será o ponto de partida para tudo o que desejar executar. Perguntar isso cria uma cultura de planejamento na qual as ideias são muito bem-vindas, mas somente quando acompanhadas dos recursos para sua concretização.

Riscos de sustentabilidade

Como a ONG se sustentará? Como se dará a constância na arrecadação e no pagamento das despesas indiretas (não pagas pelo projeto)?

O que mais vemos hoje é a captação de recursos atrelada aos financiamentos de projetos selecionados por meio de editais, que cria, assim, uma competição entre os participantes, da qual sai ganhador o mais eficaz. Além disso, a Lei nº 13.019/2014 institui o Chamamento Público, que nada mais é do que uma competição entre as ONGs pela captação de recursos públicos. O Brasil, que costumava receber muitos financiamentos estrangeiros, está mudando de realidade — não só pela crise nos países desenvolvidos, mas, principalmente, porque o país está, hoje, entre as dez maiores economias do mundo — e entende, então, que deve financiar projetos em países menos desenvolvidos em vez de receber recursos internacionais.

Para entender esse tipo de financiamento, imagine uma ONG ligada a uma rede mundial que receba recursos, por exemplo, dos Estados Unidos. Com esse vínculo, a ONG cobre suas despesas indiretas, pois se trata de recursos não vinculados. Quando os projetos chegam, são executados com recursos específicos.

Nesse caso, como é dependente de financiamento estrangeiro, a situação da ONG em questão fica insustentável: caso perca o patrocínio internacional, não há como arcar com seus gastos. A saída seria captar ou gerar recursos não vinculados, mas mudar o rumo do navio durante a viagem é muito mais difícil do que prepará-lo antecipadamente para enfrentar um risco como esse. Trata-se de um caso de miopia estratégica uma vez que, ao acomodar-se com as relações estabelecidas, a entidade não desenvolveu um plano B nem criou alternativas com antecedência.

Diferencial competitivo na captação de recursos

A ONG depende do investidor social para alavancar seus projetos. É dele a decisão sobre em qual projeto apostar, considerando a qualidade, o custo e o resultado social. Assim, a maioria dos investidores seleciona os projetos por meio de editais, no caso de recursos privados, e chamamento público, no caso de recursos públicos, em que o melhor resultado com o menor custo leva — assim, tenha em mente que os custos dos projetos devem ser os mais enxutos possíveis. É preciso considerar, por exemplo, o custo unitário de atendimento — não é difícil: basta dividir o total de despesas pelo número de atendimentos. Com apenas um indicador, o investidor social consegue um excelente parâmetro de comparação. A ONG também deve demonstrar ao investidor social que todo recurso será aplicado diretamente no projeto, sem desvios para pagamento de despesas indiretas ou não vinculadas ao projeto.

Leve em consideração a Lei nº 13.019, de 31 de julho de 2014, que deverá entrar em vigor a partir janeiro de 2016 e regulamenta as transferências voluntárias de recursos públicos de entes federados para as ONGs. Entre outros aspectos, essa lei institui a obrigação do chamamento público — em português claro, significa que também deverá haver competição entre ONGs para obtenção de recursos públicos. Você considera que a ONG na qual atua é competitiva em qualidade e custos?

Recentemente, participei de um projeto numa ONG de grande porte que, após um diagnóstico detalhado, percebeu que estava perdendo competitividade por duas razões básicas:

1. Não tinha fontes alternativas para pagamento das suas despesas indiretas (não vinculadas a projetos) e utilizava uma taxa de administração cobrada do projeto para gerar suas receitas não vinculadas. Dessa forma, o percentual da taxa de administração crescia muito e começava a incomodar o investidor social. Considerando tratar-se de um grande conglomerado financeiro, imagine a dificuldade de "vender os aumentos" a um pessoal acostumado a taxas de administração extremamente baixas como fator de competitividade no mercado financeiro. Era um grande problema.
2. Os custos dos projetos, altos e distantes da realidade de mercado, resultavam em perda de competitividade na captação de recursos — algo fácil de perceber quando a ONG não consegue vencer editais. Nesse caso, desenvolvemos um trabalho bastante interessante no qual procuramos segregar todas as atividades dos projetos em *atividades-fim* (relacionadas ao foco do projeto que proporcionam a obtenção do resultado social) e *atividades-meio* (necessárias, mas não essenciais para a missão do projeto). Ao segregar todas as atividades-meio dos trinta projetos em execução, chegamos ao seguinte resultado:

- a maioria das atividades-meio era executada pelo pessoal especializado na essência do projeto, portanto, de maior custo;
- as atividades-meio se repetiam nos diversos projetos, provocando perda de sinergia e capacidade ociosa;
- inúmeras atividades manuais eram executadas pela equipe quando poderiam ser realizadas por sistemas informatizados;

- havia várias soluções de informática específicas para cada projeto — se tivessem uma solução única e customizada, seria mais eficaz e barato;
- era possível terceirizar atividades-meio a entidades ou empresas especializadas no assunto.

Veja quanto foi possível aprender em função de um diagnóstico bem-feito e detalhado. O resultado foi a definição de uma estratégia específica para a solução de cada um desses problemas, que proporcionou atividades-meio para abranger todos os projetos e priorizou a informatização e/ou terceirização.

Existe uma técnica chamada Engenharia e Análise de Valor (EAV) que procura associar o menor custo ao maior resultado obtido, com foco no resultado esperado (e não só nos caminhos para chegar a ele). O resultado esperado para uma caneta é escrever, portanto posso alcançá-lo por diversos valores de custos — desde o desenvolvimento de uma caneta muito cara (mil reais) até uma caneta muito barata (um real). O resultado foi exatamente o mesmo, mas os custos foram bem diferentes. Essa técnica é de vital importância na avaliação de custos de projetos ou até de custos fixos, porque permite analisar todas as possibilidades para chegar ao mesmo resultado com custos diferentes. Estamos acostumados a analisar o custo apenas pelo seu valor efetivo e não pelo resultado que ele proporciona. Pense sempre no fim esperado para então escolher a opção mais barata.

Contrapartida com recursos próprios

Torna-se cada dia mais comum a necessidade de a ONG colocar recursos próprios, materiais, humanos ou financeiros, nos projetos a título de contrapartida — em alguns casos, isso é condição obrigatória para a captação dos recursos.

Na utilização de recursos públicos, a tendência tem sido a mesma: o investidor social público, geralmente prefeituras, não financia a totalidade dos custos dos projetos e a ONG deve complementá-los com recursos próprios. Tenho visto muito essa tendência e, hoje, o valor financiado vem sendo reduzido drasticamente. Já conhecemos casos em que o custo unitário do atendimento é coberto 50% pela prefeitura e 50% pela ONG. Observe que o poder público está atendendo a uma política pública, de sua responsabilidade, sem o investimento social total. Pelo contrário: parte passa a ser de responsabilidade da ONG, que deve gerar e/ou captar os recursos adicionais. Sem contar que a prefeitura cada vez exige mais dos projetos — como reformas e melhorias na infraestrutura e profissionais com certa formação, portanto, mais caros —, sem o correspondente recurso. No final das contas, pagamos nossos impostos que deveriam financiar políticas públicas, mas também contribuímos com as ONGs que prestam serviços às prefeituras na execução dessas mesmas políticas. Cabe ressaltar que a Lei nº 13.019/2014 proíbe que o órgão público exija contrapartida financeira no chamamento público.

Vivenciei uma situação como essa numa ONG para a qual presto consultoria: ela possuía três projetos financiados pela prefeitura, todos relacionados a políticas de responsabilidade do poder público. Nesse cenário, a gestão financeira da ONG estava cada vez mais estrangulada e se via obrigada a obter recursos adicionais para seus projetos. Na época, discutimos algumas possibilidades: divulgar claramente nas prestações de contas o valor da contrapartida da ONG, inclusive nas demonstrações contábeis publicadas; considerar na estratégia da ONG que, no médio prazo, a situação pioraria, o que exigia a obtenção ou geração de recursos adicionais; procurar negociar o aumento dos recursos investidos pela prefeitura e pensar seriamente se valeria a pena executar esse tipo de projeto financiado pelo poder público.

Quando a contrapartida atingir determinado percentual, é preciso considerar a possibilidade de cancelar o projeto para não estrangular a ONG. Sei que é muito triste e contraproducente, falando do ponto de vista social, mas também é preciso pensar na sustentabilidade da ONG. Se ela recebe muito menos do que gasta, qual é a vantagem?

Falta de conhecimento e metodologia de gestão

Em geral, a falta de tempo não permite que os gestores adquiram conhecimentos de gestão e planejamento das atividades. Mesmo quando adquirem, têm dificuldades extremas ao tentar implantar as medidas necessárias.

Muito se fala na profissionalização do Terceiro Setor e, para isso, são oferecidos inúmeros cursos de formação de gestores.

No entanto, além da falta de tempo para participar de todos esses cursos, o que observo é a falta de eficácia para aplicar o aprendido: as mudanças necessárias simplesmente não são implantadas. Estamos trabalhando aqui com dois agravantes: a formação precária do gestor e a dificuldade de colocar o aprendizado em prática.

Em alguns dos muitos treinamentos para gestores dos quais participo, exigimos como desafio final a execução de um projeto na ONG que demonstre o aprendizado e que, principalmente, proporcione um resultado prático. A minha experiência mostra que poucos são os que terminam toda a atividade e exploram o resultado que pode ser obtido. Muitos "fogem" na hora de consolidar o aprendizado e não geram valor adicional à ONG, tampouco tornam suas experiências úteis para gerar mais conhecimento ao Terceiro Setor

Mensuração de resultados

Nem sempre os resultados alcançados são medidos por indicadores eficientes e, na maioria das vezes, eles não são divulgados.

As prestações de contas, em particular de recursos públicos, são feitas exclusivamente por comprovação dos gastos realizados: quanto a ONG recebeu e quais são os documentos comprobatórios dos gastos. Ressalte-se que a Lei nº 13.019/2014 exige uma prestação de contas mais completa com indicadores e apuração do resultado social.

Quando falamos em custos, devemos observar dois aspectos fundamentais: o custo efetivo e o valor gasto. O custo efetivo mede a eficiência: orçamos um valor e conseguimos realizar por um custo menor. O segundo mede o resultado que o custo proporcionou, ou seja, sua eficácia: fazer mais com menos.

Dificuldades em atingir os resultados sociais

Os projetos realizados em uma ONG devem estar em consonância com a sua missão. Se a soma dos projetos realizados em determinado período não satisfizer a proposta estabelecida, algo está errado e é preciso repensar os caminhos que a organização está tomando. É imprescindível que a governança avalie periodicamente o desempenho da ONG em relação à sua missão e ao resultado dos projetos realizados.

Conheço ONGs que atiram para todos os lados e, é claro, não acertam nenhum alvo, muito menos conseguem alinhar os investimentos à sua missão. Parece que a orientação estratégica está mais em função da disponibilidade de recursos do que da missão preestabelecida.

Há algum tempo, vivenciei um típico cenário como esse: uma ONG voltada para crianças e adolescentes foi convidada pela prefeitura de seu município a fazer um projeto com pessoas da terceira idade. Nada contra o projeto, mas o foco era completamente diferente da especialidade da ONG. Além disso, essa situação pode ser considerada um desvio de finalidade, na medida em que o objeto social do estatuto não prevê esse tipo de atividade — portanto, teoricamente, a diretoria não estaria autorizada a executar o projeto enquanto não houvesse a alteração do estatuto. Observe que, nesse tipo de estratégia, a ONG pode fazer tudo de acordo com os recursos disponíveis, mas deixa de desempenhar um bom trabalho.

Falta de títulos e certificações

Muitas vezes as ONGs não recorrem às certificações que lhes estão disponíveis por falta de conhecimento ou porque não vão mais a fundo para entender os procedimentos e as vantagens que os títulos oferecem.

Os títulos são recursos para assegurar (entre outros benefícios) credibilidade, segurança e isenção de impostos. Por isso, possuí-los é de suma importância para as entidades que desejam construir algo verdadeiramente sólido.

Na captação de recursos, por exemplo, pode ser essencial o título de Utilidade Pública Federal ou a qualificação como Organização da Sociedade Civil de Interesse Público (Oscip), pois permitem que o recibo de doação da ONG seja dedutível do Imposto de Renda da empresa que contribuiu, desde que esta seja tributada pelo lucro real.

Outra situação está relacionada às ONGs que utilizam mão de obra intensiva, como hospitais e escolas. Obter ou manter a Certificação de Entidades Beneficentes de Assistência Social (Cebas) é condição estratégica para a sustentabilidade da ONG, uma vez que permite a isenção das contribuições sociais, entre elas a quota patronal do INSS, que representa um custo adicional na folha de pagamento de aproximadamente 26%. A entidade portadora desse certificado com certeza terá um custo menor em função da isenção.

Esses são alguns aspectos e exemplos práticos que vivenciei e que, a meu ver, mereciam destaque neste livro. No entanto, deve ficar claro que nem sempre o efeito do problema é a sua causa. Por isso, é essencial fazer um diagnóstico, mesmo que rápido, para conhecer as raízes do problema e todos os seus impactos.

Agora, o próximo passo é buscar os caminhos para solucionar cada uma dessas questões.

No anexo “Os dez passos para começar uma ONG”, no final deste livro, você verá uma metodologia passo a passo que também pode ser utilizada para as ONGs já constituídas, a fim de diagnosticar o que é possível fazer.

2

O chamado da responsabilidade

OS CONHECIMENTOS NECESSÁRIOS PARA A MISSÃO

Depois de mostrar os principais problemas com os quais me deparei ao longo da minha experiência no Terceiro Setor, quero orientá-lo a fim de evitá-los. Se a ONG ainda é uma ideia em processo, se você acabou de criá-la ou se já estiver vivendo os problemas citados no capítulo anterior, estou aqui para oferecer suporte para remediá-los.

Tudo o que verá a seguir foi elaborado para estruturar os processos visando à sustentabilidade da organização, e a primeira habilidade fundamental é desenvolver visão sistêmica, o que, para mim, é imprescindível em qualquer negócio.

As operações de uma ONG devem ser vislumbradas seguindo uma metodologia de processos em que todas as áreas são integradas. Para isso, o planejamento é essencial e determinante se você deseja obter sucesso com sua entidade.

Planejamento

Planejamento é a capacidade de criar um conjunto de ações que possam servir como degraus rumo a determinado objetivo. O planejamento no Terceiro Setor, assim como nos demais, é fundamental e faz parte do seu êxito. Infelizmente, porém, observei que essa prática não tem sido comum nas ONGs.

Algumas organizações consideram planejamento perda de tempo, outras, uma atividade desnecessária e cara — portanto, não a praticam comumente, e a gestão fica ao sabor dos acontecimentos no dia a dia, tornando as soluções mais lentas e dispendiosas e gerando sérios riscos estratégicos.

O planejamento é considerado uma atividade extremamente importante em uma ONG, e é o momento de analisar e procurar responder a algumas questões, como estas:

- Que projetos a entidade pretende realizar no próximo ano?
- Algum projeto além dos costumeiros?
- O número de beneficiários de cada projeto será o mesmo do ano atual?

- Haverá algum crescimento?
- De onde virão os recursos necessários?
- Caso haja novos projetos ou crescimento no volume de beneficiários, existem fontes alternativas de recursos?

Se responder a essas perguntas, tendo em vista a missão, a visão e os objetivos sociais da ONG, automaticamente estará desenvolvendo seu planejamento. A partir disso, você deve começar a elaborar o planejamento estratégico para implantar todas essas ideias.

Planejamento estratégico

O termo planejamento estratégico em geral assusta as pessoas, principalmente aquelas que ainda não tiveram a oportunidade de participar dessa etapa em sua experiência. Para desmistificar, costumo brincar que planejamento estratégico não é ficar uma semana em um hotel-fazenda subindo em árvores, mas um período em que os gestores de uma ONG se abstraem do dia a dia para pensar na entidade com uma visão de futuro.

E a definição de tempo, metodologia, quantidade de participantes e do próprio processo depende muito do tamanho da ONG e de suas possibilidades. Ser pequena, porém, não justifica não fazê-lo.

Características do planejamento estratégico

Podemos destacar como características do planejamento estratégico:

- discutir a identidade e o destino da ONG, direcionando suas atividades;
- compreender a sociedade e o mercado e ampliar a visão de mundo relacionada às atividades da ONG;
- pressupor responsabilidade e participação de todos os gestores e comprometimento das áreas;
- considerar o momento certo para a ONG fazer o planejamento, pois com a “casa caindo” não é possível planejar nada, mesmo estando ciente de que os problemas muito provavelmente foram causados pela falta de planejamento.

Planejar é preparar-se para a jornada, mas também um processo sempre em movimento: planejamento contínuo é ter a certeza de que você, a ONG e seus parceiros saberão acompanhar as mudanças do mundo e das maneiras de trabalhar, independentemente da área em que atuem.

Vantagens e benefícios

Entre as vantagens e os benefícios do planejamento estratégico temos:

- ampliar a consciência para o que acontece dentro e fora da ONG;
- funcionar como ferramenta para aprendizado sobre a ONG, a sociedade e os gestores;
- fortalecer o trabalho em equipe, motivar as pessoas e estabelecer desafios;
- evoluir e sedimentar as relações interpessoais durante o processo;
- criar a cultura interna de olhar aberta e francamente para o passado, o presente e o futuro;
- permitir avaliação do progresso.

A partir disso, os passos da ONG tornam-se mais evidentes conforme as metas e os objetivos são determinados. Todo projeto deve ser construído com base na vocação daqueles que o compõem, mas, para funcionar, é preciso direcionamento.

Por isso, no próximo tópico abordarei a importância de a ONG estabelecer abertamente seu papel social, de modo que todos tenham consciência de sua missão e de que seja aberto cada vez mais espaço para o crescimento de suas ações, a partir da proliferação transparente de informações e resultados obtidos para todos os membros da sociedade.

NOSSA VOCAÇÃO A SERVIÇO DO OUTRO

Todo trabalho bem-feito, realizado com dignidade e boas intenções merece ser reconhecido de maneira própria e justa. Por isso, vale destacar, como iniciativa no Terceiro Setor de incentivo à transparência das organizações, a criação do Prêmio Bem Eficiente pela Associação Brasileira de Organizações Não Governamentais (Abong), que tem como principais objetivos o reconhecimento público das entidades que demonstraram trabalho e atuação nas suas áreas de desempenho, dentro de uma estrutura profissional e competente, operando com custos administrativos baixos, com transparência e administração externa.

Ser transparente é ater-se a uma alta disponibilidade e disseminação de informações. Para atingir esse patamar, é necessário ponderar a capacidade da organização para produzir, recolher, validar e disseminar informações às partes interessadas.

Para considerar a organização transparente, a ONG deve priorizar o atendimento e favorecer o contato sem, sob nenhuma hipótese, manipular dados ou informações para conseguir vantagens. Ela deve jogar limpo, como dizemos no mercado. Entidades com políticas muito fechadas não conseguem construir esse relacionamento, pois, por insegurança e desconfiança, passam a enxergar o público como uma ameaça, quando, na verdade, ocorre o oposto.

Existem várias diferenças relacionadas às empresas e ao Terceiro Setor quanto à informação. Nas empresas, ela é exclusiva e fonte do seu poder, enquanto no Terceiro Setor a informação deve ser pública e compartilhada com os investidores sociais e a sociedade.

Uma entidade sem fins lucrativos precisa ter, como premissa básica, a missão de divulgar resultados, bem como disseminar aprendizados às demais entidades. Recursos utilizados (e suas aplicações) devem ser demonstrados claramente para os doadores e para a sociedade. Não basta apresentar relatórios financeiros para ser uma organização transparente, é preciso buscar a fidelização do doador, o comprometimento e a corresponsabilidade na gestão dos recursos, para que juntos possam impulsionar melhores benefícios sociais.

Essa relação transparente também é importante para a própria captação de recursos: nenhum agente designará um valor de seu patrimônio para uma entidade confusa, que não lhe passa a segurança de que sua aplicação será feita de maneira apropriada.

Comprometimento é uma característica fundamental para quem deseja fazer parte desse setor. Esse segmento econômico nasce da identificação e da união das capacidades dos indivíduos com objetivos de melhoria coletiva. Ele diz respeito àqueles que querem ajudar e desejam trazer benefício para a vida dos outros. Tomar a decisão de fazer parte desse universo exige se submeter constantemente a exames de consciência.

Ficamos responsáveis, nesse caso, por preencher essa lacuna, transferindo o conhecimento adquirido no dia a dia para uma perspectiva de vida melhor, doando suporte ao Terceiro Setor ao permitir a gestão responsável. É aí que entra a importância da profissionalização, que garante não só a geração de empregos e empreendedores sociais como também que os propósitos da organização serão realizados de modo consciente.

Para decidir sobre a gestão do Terceiro Setor, é importante observar nossas escolhas para realizar ações ativas e conscientes em toda e qualquer oportunidade. Essas escolhas são determinantes, inclusive, para o sucesso de qualquer fato realizável. Se partirmos da lógica, a escolha ativa certamente produz autonomia ou mesmo pode ser considerada a própria autonomia conquistada. E esse pensamento será a resposta para conseguir os recursos e atender às necessidades da ONG com vontade, comprometimento, iniciativa e capacidade de ação.

Ainda que o conceito de transparência seja amplo, é preciso destacar um detalhe: sua relação com ONGs está diretamente relacionada à divulgação pública das prestações de contas, em jornal, na web e em relatórios de grande circulação.

Um bom começo nessa jornada é adicionar uma área no site da ONG com o título *Transparência* e colocar ali tudo o que possa ser útil para a sociedade: estatuto, regimento interno, estrutura de governança, demonstrações contábeis, relatórios de projetos, prestações de contas. Tome cuidado, porém, com a objetividade da informação, para não tornar essa análise enfadonha.

Neste ponto, saliento a Lei nº 12.527, de 18 de novembro de 2011, que estabelece:

> Art. 2º Aplicam-se as disposições desta Lei, no que couber, às entidades privadas sem fins lucrativos que recebam, para realização de ações de interesse público, recursos públicos diretamente do orçamento ou mediante subvenções sociais, contrato de gestão, termo de parceria, convênios, acordo, ajustes ou outros instrumentos congêneres.
>
> Parágrafo único. A publicidade a que estão submetidas as entidades citadas no *caput* refere-se à parcela dos recursos públicos recebidos e à sua destinação, sem prejuízo das prestações de contas a que estejam legalmente obrigadas.

Essa lei é primariamente destinada à transparência dos órgãos públicos, mas prevê, em seu artigo 2º, que a ONG também siga os parâmetros de divulgação quando utiliza recursos públicos.

Deve-se salientar também a Lei nº 13.019/2014 que exige da ONG que pretende captar recursos públicos menção explícita em seu estatuto, de que presta contas de acordo com as Normas Brasileiras de Contabilidade e divulgação, por qualquer meio eficaz, de suas demonstrações contábeis, relatório de atividades e certidões negativas de tributos.

A responsabilidade, então, está na mentalidade da participação em prol de uma mudança sociocultural, respeitando seus princípios criativos e agindo de forma transparente em suas contas, seus investimento e suas ações, mantendo sua integridade e transparência.

A participação de seus criadores deve apoiar-se na ideia de perpetuar a organização, tendo o superávit como objetivo, contanto que seja reinvestido na organização.

É necessário conhecimento técnico e específico para que as ONGs encarem seus projetos como produtos que necessitam de planejamento estratégico e pessoal especializado, com foco no público e aplicando os recursos de modo eficiente.

O Terceiro Setor oferece possibilidades plurais organizacionais. Isso quer dizer que existem os mais variados tipos de entidades, como vimos logo no início, cujas características são qualificadas levando em conta tanto aspectos estruturais quanto em relação às suas finalidades. E, como as entidades do Terceiro Setor realizam um papel completar às ações sociais do Estado, mas de modo mais direto e menos burocrático, suas iniciativas têm mais probabilidade de acerto.

É impossível começar com o pé direito sem ter em mente um objetivo claro. Podemos dividir esse objetivo em três etapas: missão, visão e obra.

- Missão: Qual é o nicho ou grupo que você deseja ajudar? Como não é possível ajudar toda a humanidade de uma vez só (a não ser que você faça parte de um seleto grupo de bilionários que deseja doar toda a sua fortuna), é preciso delimitar seu público. Com isso, além de fazer um trabalho melhor, você deixa claro para todo mundo qual é sua área de atuação.

- Visão: Você já sabe quem quer ajudar, e isso é muito importante. No entanto, qual é, afinal de contas, a sua visão de mundo? Do futuro da ONG? Esse exercício de consciência é muito importante para se posicionar com exatidão e prontidão na sociedade que habita. Antes de ajudar as pessoas à sua volta, busque descobrir a sua visão daquilo que o cerca.
- Obra: Agora que já sabe quem quer ajudar e como é o mundo que o circunda, chegou a hora de botar a mão na massa. No entanto, nem sempre o melhor modo de executar bem um trabalho segundo a visão é o correto. Procure alinhar da forma mais eficaz as ferramentas que o levarão para o sucesso.

Definidos esses três pontos, você deve desenvolver projetos de acordo com o mapa idealizado no momento dessas escolhas. E ainda pontuar quais momentos considera ideais para mobilizar (ou deixar de mobilizar) recursos. Lembre-se: este não é um jogo que se vence depressa. É preciso paciência, inteligência e estratégia.

Só é possível avançar quando a imagem e o propósito da ONG estão bem estabelecidos. Desenvolvi um método que acredito ser a linha-guia para que qualquer organização seja bem-sucedida no cumprimento de seu papel, afinal, agora que a missão, a visão e a obra estão esclarecidas, a proposta tem muito mais força! Passaremos, então, para a base da estruturação da ONG, seguindo para o direcionamento até a análise de resultados.

3

A construção da base

OS PONTOS ESSENCIAIS PARA A ATUAÇÃO DA ONG

Depois de entender e colocar em prática os conceitos de missão, visão e obra, lembre-se da importância de encontrar o nome de sua marca. A definição da marca é o pontapé inicial para qualquer processo da organização, pois é essa ferramenta tão única que trará a primeira impressão da ONG para o público geral e os possíveis investidores.

A construção da marca deve se basear no posicionamento que a organização deseja estabelecer no mercado do Terceiro Setor. Esse posicionamento deve ser uma decisão clara e específica fortalecida pelo grande diferencial da ONG, pela razão que a torna tão necessária para o desenvolvimento social.

O posicionamento deverá alinhar-se ao planejamento estratégico definido. Como já vimos antes, desenvolver um planejamento estratégico e anual de suas ações evita riscos financeiros e administrativos e passa segurança para todos os envolvidos no projeto.

Veja, ponto a ponto, as prioridades na elaboração do planejamento completo.

Etapas do planejamento

Estas são as etapas de um planejamento eficaz:

- chegar a um consenso sobre o motivo da realização do planejamento: todo o grupo participante deve estar alinhado às necessidades e às oportunidades previstas;
- explicitar os resultados esperados: tarefa importante para homogeneizar todas as expectativas e as necessidades;
- esclarecer como será o processo — ritmo, duração, custo, pessoas envolvidas: deve-se estabelecer um caminho de trabalho para que todos possam participar sem os constantes problemas de agenda;
- compor o grupo que vai participar: toda a governança da ONG e as pessoas ligadas às atividades operacionais devem participar, pois a composição do grupo é muito importante para que todos fiquem a par das decisões.

Tome cuidado, porém, para que não se torne uma assembleia com muitos participantes e pouca produtividade;
- definir papéis a ser assumidos durante o processo: as responsabilidades e os papéis devem ser distribuídos de modo justo e definidos com clareza;
- estruturar uma base conceitual comum quanto ao conteúdo e ao processo do planejamento: os conhecimentos devem ser homogeneizados para que todos possam partir da mesma base conceitual.

Há algum tempo realizei um trabalho para uma ONG de grande porte que já havia feito um planejamento estratégico. O objetivo era estabelecer vários desafios e novas metas. Ao perguntar sobre o orçamento de gastos para implantação das metas, porém, a resposta foi: “Não contemplamos esses dados no planejamento”. Fiz outra pergunta, então: Como serão implantadas as metas se não sabemos o volume de investimentos e, mais ainda, se não temos esse dinheiro? Nesse momento, todos se conscientizaram de que, apesar do belo planejamento, sua implantação seria impossível por falta de recursos. Não se esqueça de cotejar as metas a ser alcançadas com o volume de recursos necessários e sua disponibilidade tempestiva.

Planejamento anual

Considerando que mudanças significativas não apresentam impacto imediato no planejamento estratégico, o planejamento anual de uma entidade torna-se bastante simples. Claro que, ao olhar mais de perto, o tamanho e a profundidade desses planejamentos dependem de cada entidade e não só do tamanho mas das necessidades dos gestores.

O planejamento anual envolve compreender a extensão de seu orçamento para os objetivos da entidade para aquele período. Para tanto, as seguintes perguntas devem ser respondidas:

- Que projetos serão executados?
- Qual o volume de recursos necessário?
- Quais são as fontes de recursos?
- Qual é o volume de despesas indiretas?

Desse modo, a ordenação dessas respostas determinará uma visão econômica das atividades previstas da entidade. Colocar essa visão macroeconômica no tempo mensal, por exemplo, trará uma boa ideia do fluxo de caixa sobre o qual discutiremos em breve.

Se você considerar que a ONG manterá todos os atuais projetos no ano seguinte, com o mesmo número de atendimentos e que os investidores sociais pretendem continuar financiando os projetos, o planejamento para o próximo ano será o real gasto no ano em vigor com alguma inflação de custos, principalmente de mão de obra. Apesar de essa ser uma tarefa bastante simples, tudo deve ser documentado numa ata de diretoria.

Alguns estatutos preveem que o orçamento anual deve ser revisado pelo conselho fiscal e aprovado pelo conselho de administração. Considero esse modelo de governança bastante útil porque exige a discussão e a formatação das atas de aprovação, mas, veja, nada diferente das boas práticas: o conselho de administração delega a operacionalização das atividades à diretoria, que, por sua vez, prepara e submete o orçamento à aprovação do conselho de administração. Uma vez discutido e aprovado, todos saberão o que poderá acontecer e a diretoria terá ideia de seus limites de atuação. Também é fundamental que o orçamento seja avaliado periodicamente considerando as variações entre a estimativa e o realizado, bem como as justificativas para as divergências.

Duas experiências práticas:

- Assessorei uma ONG que fazia, no fim de cada ano, um orçamento para o ano seguinte com todos os projetos, suas fontes de financiamento e o gasto não vinculado aos projetos. Depois de amplo debate, a diretoria aprovava o orçamento e o registrava em ata. Nas primeiras reuniões do ano seguinte, surgiam ótimas ideias de novos projetos propostos por vários diretores. A pergunta-padrão era: "De onde virão os recursos?".

  Em geral, não havia resposta porque as pessoas pensam nas ideias, por vezes excelentes, mas não consideram os recursos ou o *modus operandi*. A devolutiva também era padrão: "Se não existe uma fonte de recursos, a ideia não é totalmente boa, a não ser que um projeto em andamento seja desativado e seu orçamento, realocado".

Como ninguém abriria mão de seu projeto, a ideia não poderia ser considerada completa.

- Como já citei, há pouco tempo fiz parte do conselho fiscal de uma ONG cujo estatuto exigia a preparação do orçamento anual, a revisão do conselho fiscal e a aprovação do conselho de administração. No fim de novembro de cada ano, a diretoria apresentava sua proposta de orçamento mensal com o horizonte anual. A proposta era discutida, aprovada e formalizada em ata. No ano seguinte, eram feitas reuniões trimestrais para análise do orçado e do realizado. Com essa prática, sabia-se exatamente o que havia sido realizado e se estava de acordo com o orçamento aprovado.
  Existe melhor instrumento de controle? Debatíamos todo o planejamento (orçamento) e sabíamos o que havia sido delegado à diretoria e o que deveria acontecer. Na comparação e na explicação das variações, analisávamos as atitudes da diretoria nas exceções. A experiência mostrou que eram identificados até erros de lançamento contábil não condizentes com a realidade.

A clara definição dos projetos, da fonte dos recursos e de sua natureza (se esses recursos são vinculados ou não aos projetos) é um fator fundamental no planejamento, pois é a partir daí que a estrutura contábil, a gestão financeira e a prestação de contas serão estruturadas.

Assim, depois de estabelecer o planejamento, é necessário contar com a participação do contador e demonstrar, então, quais são os projetos que a ONG pretende executar, quais são o volume e a natureza dos recursos, a extensão e os detalhes dos gastos não vinculados a projetos, a fim de apontar o caminho para que a entidade tenha uma contabilidade estruturada, capaz de fornecer os relatórios necessários para a avaliação de seus resultados.

É muito importante reconhecer, durante o planejamento, a necessidade de prestar contas — como e quando deverão ser feitas, de acordo com a natureza dos recursos e as exigências dos investidores sociais.

Cabe mencionar aqui que algumas de minhas experiências nas entidades me fizeram perceber que elas normalmente estão preocupadas em receber os recursos e, com essa mentalidade, assinam os instrumentos de captação de recursos sem uma análise detalhada sobre a prestação de contas, estruturação da gestão financeira e contábil. Não é difícil imaginar que, ao fazer a prestação de contas durante ou no final de cada projeto, algumas obrigações podem não ser atendidas, uma vez que a forma de acumulação e o controle das informações não foram planejados com antecedência, tornando o processo de prestação de contas praticamente impossível.

Em vista disso, considere sempre que o gestor financeiro e o contador são peças fundamentais no processo de prestação de contas e que, portanto, devem participar do planejamento todo, e não apenas ser exigidos no final do processo, pois a participação desses profissionais pode até direcionar ações para que não se tornem um problema no futuro.

OS PARCEIROS DA ONG

É claro que ninguém ganha uma Copa do Mundo jogando sozinho. Nesse grande campeonato que é ser bem-sucedido, é preciso buscar parceiros de qualidade, para que ninguém esteja sobrecarregado e para que o trabalho seja bem executado. Nessa empreitada, existe a grande questão da profissionalização e do trabalho voluntário voltado às ONGs.

Segundo o estudo *As fundações privadas e associações sem fins lucrativos no Brasil* (Fasfil),[3] em 2010 havia mais de 290 mil organizações da sociedade civil no Brasil — e cada uma delas exige uma equipe composta por pessoal especializado, porém, mais importante, dedicado à causa da organização. Afinal, não basta encontrar um currículo de cair o queixo: é preciso achar pessoas que façam o trabalho por amor. Depois de encontrar esses candidatos, invista em treinamento, que não se refira apenas às ações práticas: procure desenvolver e reter o conhecimento de todos à sua volta.

É preciso compreender não apenas o mercado em que estamos inseridos, mas a situação atual de nossa realidade:

---

[3] INSTITUTO BRASILEIRO DE GEOGRAFIA E ESTATÍSTICA — IBGE. Gerência do Cadastro Central de Empresas. *As fundações privadas e associações sem fins lucrativos no Brasil 2010*. Rio de Janeiro: IBGE, 2012. (Estudos e pesquisas. Informação econômica, n. 8), p. 47.

estamos em um mundo cada vez mais globalizado e, como já é de esperar, isso traz uma competição cada vez maior. Assim, a retenção de talentos é um fator extremamente importante para a sobrevivência e o crescimento das organizações. Alguém que trabalha, acima de tudo, como gestor de pessoas, precisa gerenciar (com competência ímpar) essa área de modo que retenha seus parceiros. É necessário fazer com que se sintam fundamentais naquele lugar, como se fossem inestimáveis para a organização.

Não pense duas vezes antes de promover o desenvolvimento e o crescimento de seus colaboradores através de seu modo de agir e pensar. Antigamente era preciso apenas motivar seus funcionários. Hoje, com todas as mudanças pelas quais o mundo passou, é necessário buscar o comprometimento de cada um deles.

Gerenciar uma ONG — e saber que a maior parte das pessoas que estiverem por perto o fará por pura vontade, sem interesses financeiros — não deve assustar: é sabido que as pessoas tendem a trabalhar mais tempo em empresas que oferecem os melhores incentivos, mas esses incentivos não são necessariamente ligados a bens materiais. Em um mundo cada vez mais individualista, onde cada um olha para o próprio nariz, trabalhar em uma organização assim é quase uma bênção para muitas pessoas. Mostrar que esse tipo de trabalho resgata parte da nossa humanidade nos dá a chance de ajudar outros e melhorar o lugar onde todos nós vivemos; isso é, com certeza, um benefício que dinheiro nenhum no mundo pode comprar.

Quem são, afinal, os parceiros da ONG? A equipe de uma entidade sem fins lucrativos pode ser composta por integrantes dos grupos a seguir.

- *Empreendedores sociais*. Sabe como certas pessoas parecem ter nascido para desempenhar uma função em especial? É o tipo de gente que só de olhar dá para saber que vieram ao mundo com um objetivo específico — ações ímpares. Esse é o perfil de empreendedores sociais. Homens e mulheres de diversas idades e de variados círculos sociais que, em algum momento da vida, terão algo muito importante em comum: a iniciativa de começar um projeto — que culminará na criação de uma

ONG. Essa intersecção é inestimável: parece exagero, mas esse tipo de pessoa — e você é uma delas, considerando que este livro está em suas mãos — faz do mundo um lugar melhor, e, sem sombra de dúvida, torna-se um parceiro inestimável.

- *Governança voluntária*. A governança, amplamente discutida nesta obra, é fundamental, porque, ainda que você tenha empreendedores sociais ao seu lado, gente que nasceu com um dom e está disposta a ajudar da melhor maneira possível, eles nem sempre estão preparados para lidar com números, contas e estratégias. É para isso que esse conjunto — formado por conselho administrativo, diretoria e conselho fiscal — existe. Eles podem não ter o ímpeto dos criadores de uma ONG, mas são afiados e perspicazes na hora de colocar, na ponta do lápis, tudo o que precisa ser feito, corrigido ou aprimorado com o passar do tempo. Eles são como a defesa de um time de futebol: precisam garantir que o ataque adversário — as contas, os problemas inesperados e as adversidades do dia a dia — não surpreenda e marque gols. Apenas com uma defesa sólida é possível sair vitorioso e brigar pelo campeonato.
- *Funcionários celetistas*. Nenhum time sobrevive apenas de estrelas — basta olhar para o fracasso de diversas seleções que tentaram contar com o talento individual de um ou outro jogador para entender o que quero dizer. Equipes campeãs, dentro e fora dos gramados, formam-se com substância. E é nessa hora que os funcionários celetistas são tão importantes. Eles serão, afinal de contas, o miolo da organização. Precisam vestir a camisa e batalhar pelos melhores resultados possíveis, o que demanda concentração, vontade de trabalhar, crença na causa defendida e, acima de tudo, comprometimento. Encontre funcionários assim e você terá, sem sombra de dúvida, muito o que comemorar no futuro.
- *Estagiários*. O que seria do mundo sem os estagiários? Pessoas que se apresentam com uma garra única para aprender mais, buscar conhecimento e agregar todo o valor possível aos lugares onde trabalham são imprescindíveis na hora de formar sua gama de parceiros numa

ONG. É preciso, claro, ficar atento às leis que regem esse tipo de trabalho.

- *Voluntários*. Falar sobre voluntários é algo quase autoexplicativo: são pessoas que acreditam tanto na causa, que se dedicam a ela sem sequer receber algo em troca. São o tipo de pessoas que, assim como os empreendedores sociais, parecem ter vindo ao mundo com essa função. Se lhes faltou o ímpeto ou o dom de criar uma ONG, eles têm garra e força de vontade de sobra para auxiliar essas organizações em qualquer ação necessária. São parceiros importantíssimos, o tipo de peça rara que não só desempenha um ótimo trabalho como também mostra que você está seguindo no caminho certo — fosse diferente, eles não estariam dispostos a ajudá-lo nessa jornada. É preciso ficar atento, porém: certas pessoas usam de má-fé e entram em ONGs apenas para processar a entidade, alegando ter um vínculo empregatício. Outros também podem, em um acesso de poder, sentir vontade de mandar em tudo o que acontece na ONG — o que é uma péssima jogada para os dois lados. No geral, porém, você encontrará pessoas que buscam preencher o tempo livre, melhorar o currículo com atividades sociais e, o melhor tipo, quem se voluntaria por amor.

Também é muito importante estar atento à Lei das Oscip, em vigor desde 1999. Ela trabalha com um conceito que gerou uma verdadeira revolução no Terceiro Setor: a profissionalização. Essa lei empreende que a produção de conhecimento adequadamente utilizada na gestão das entidades proporcionará uma rápida evolução no sistema de gestão desse setor e, ciente de que apenas com o trabalho voluntário não será possível atingir esses resultados, torna-se uma opção a remuneração dos dirigentes.

Mais recentemente, a chamada Lei da Filantropia (12.868/2013 que altera a 12.101/2009) também trouxe evolução nesse sentido, ao permitir a remuneração de dirigentes em determinadas circunstâncias.

Essa é, sem sombra de dúvida, a melhor maneira de possibilitar a cobrança de resultados dos gestores, uma vez que todos estão atuando em tempo integral como profissionais remunerados.

SUSTENTABILIDADE

A evolução e a profissionalização do Terceiro Setor têm trazido uma série de novos conceitos na esteira da evolução da administração de empresas privadas e instituições públicas, o que tem sido um desafio para as ONGs. Ressalto que a adoção desses conceitos pressupõe que a estrutura de processos que discutimos nos capítulos anteriores já esteja implantada e funcionando. Neste capítulo, abordarei a sustentabilidade econômico-financeira das ONGs, assunto bastante interessante e atual que pode guiar o desenvolvimento do Terceiro Setor para um caminho muito importante: a autossustentabilidade.

O termo *sustentabilidade* tem sido muito utilizado em diversas dimensões, mas significa nada menos que ser sustentável, ou seja, aquele que consegue se sustentar. Assim, podemos olhar a sustentabilidade como um todo: nos aspectos ambiental, social, financeiro, e daí por diante.

Sustentabilidade econômico-financeira

Uma ONG vive da captação de recursos, sejam eles públicos, sejam privados. Além disso, há algum tempo, essas entidades contavam muito com recursos internacionais que, como vimos, estão se tornando cada vez mais escassos por causa do crescimento do Brasil — que tem investido em países menos desenvolvidos —, causando dificuldades para o replanejamento estratégico das ONGs.

Os investimentos, então, seguem a tendência do investimento social vinculado, direcionado a um projeto específico, com uma contrapartida da ONG, por meio de recursos humanos, materiais ou financeiros. E, como já citei, a escolha dos projetos que receberão os investimentos acontece muitas vezes por meio de editais, também como forma de exigir mais competitividade da instituição, seja na qualidade do projeto, seja em seus custos para execução.

O que percebo a cada dia é que os recursos não vinculados (despesas indiretas) e doações espontâneas sem fim específico estão diminuindo, porque a maioria dos investidores quer financiar projetos sociais apresentados com começo, meio, fim e um resultado social quantificável.

Diagnóstico

Diante desse panorama, as ONGs devem fazer, num primeiro momento, um diagnóstico da situação interna e do mercado financiador. O diagnóstico deve ser realizado com base no volume total de recursos anuais, segregados por projeto, identificando aqueles que são ou não vinculados.

Outro ponto importantíssimo é a situação legal da ONG: títulos, registros, certificados e qualificações que possam facilitar a captação de recursos ou reduzir os custos por meio de isenções tributárias — e, é claro, a análise da estrutura de controles e governança, procurando identificar as boas práticas de gestão e prestação de contas. Afinal, para pensar em sustentabilidade, precisamos conhecer o que sustentar, quais são os pontos fortes e fracos da ONG.

Apuração e reestruturação dos custos

Antes de discutir a sustentabilidade econômico-financeira, temos de conhecer em detalhe as fontes de recursos (vinculados e não vinculados) e seus gastos. Para isso, a ONG deve criar uma regra de organização para separar claramente os gastos e relacioná-los aos recursos recebidos e aos investidores. Nesse sentido, sugiro um raciocínio simples para conhecer e apurar os custos não vinculados a projetos. Pense na seguinte hipótese: a ONG não tem nenhum projeto em andamento. Quais são os custos mensais? Liste-os e anote os valores. Esses são os custos não vinculados a projetos que exigem uma fonte de renda fixa (não vinculada) para que a ONG consiga arcar com eles todo mês.

Outro exercício para as ONGs em funcionamento é a segregação de custo em atividades-fim e atividades-meio. Para isso, é preciso se basear no próprio orçamento de cada projeto. Escolha um modo de diferenciar os custos (podem ser as rubricas do orçamento, por exemplo) e marque as atividades-fim (aquelas que estão diretamente relacionadas ao objetivo central do projeto, sem as quais o projeto não chegaria a nenhum resultado final). Do outro lado, as atividades-meio (que não agregam valor diretamente ao projeto, mas são necessárias, normalmente relacionadas a questões de logística, cadastro, envio de material, eventos etc.). É chegado, então, o momento de comparar esses gastos. Talvez se conclua que parte significativa dos custos está relacionada a atividades-meio, o que não pode ser considerado normal, eficiente ou eficaz. Se a balança não estiver equilibrada — ou seja, se o custo da atividade-fim for proporcionalmente maior que o das atividades-meio —, é preciso revisar os conceitos, porque os projetos sem dúvida estão sendo ineficazes e claramente muito caros em relação ao mercado, causando perda de vantagem competitiva.

Há pouco tempo participei de um trabalho concentrado nessa metodologia nos projetos. Cada grupo de projetos foi incumbido de gerar uma planilha de suas atividades (com base nas rubricas do orçamento), segregando entre atividades-fim e atividades-meio. Depois, fizemos uma ampla reunião com os representantes de cada projeto da ONG para homogeneizar os conceitos e segregar, em consenso, as atividades. Colocando valores globais em cada atividade, fizemos o balanceamento de tudo e, como resultado da análise, identificamos várias situações que mereceram aprofundamento. Veja alguns exemplos:

- **Informatização** — A maioria dos projetos tinha alguma solução informatizada, principalmente relacionada ao cadastro de participantes. O interessante é que as soluções eram tão específicas, que traziam altos custos de investimento para o desenvolvimento e a manutenção dos sistemas. Por que não criar uma solução única com as customizações necessárias para cada projeto?
- **Processos manuais** — Grande parte dos projetos continham atividades-meio essencialmente burocráticas, executadas, às vezes, por profissionais caros e relacionados às atividades-fim do projeto. Por que não informatizar essas atividades a fim de ter uma solução única para todos os projetos?
- **Terceirização** — Várias atividades da ONG, em especial as que exigem qualificações para além das demandadas pelos projetos sociais, poderiam ser feitas por empresas especializadas. Exemplo: logística na distribuição de materiais dos projetos, eventos do projeto, telemarketing etc. Com a contratação de

empresas terceirizadas idôneas, os funcionários da ONG ficam liberados para se dedicar às atividades-fim dos projetos. Outro fator importante nesse ponto é a transformação de um custo fixo em variável, ou seja: no caso da terceirização, paga-se por tarefa executada, transformando um custo que seria fixo em variável em relação à existência do projeto.

Lembro-me de que, nesse ponto, chegamos a cogitar uma solução mais ousada. Por que não encontrar outras ONGs com características de projetos similares e criar uma rede de usuárias dos serviços que poderiam ser feitos por uma empresa ou até outra ONG? Essa ideia está em linha com o conceito de *Core Business*, ou seja, a ONG deve dedicar-se àquilo que sabe fazer — seu conhecimento, sua missão e seu DNA —, e não se preocupar com outros tipos de processos, para a realização dos quais teremos outras entidades especializadas.

Que tal começarmos a pensar assim no Terceiro Setor? Poderíamos ter uma rede de ONGs com várias entidades especializadas em cada item da cadeia social, inspirando-se em cadeias produtivas éticas e bem-sucedidas do Segundo Setor.

- **Voluntariado** — Segundo a Fasfil, hoje, 72% das organizações brasileiras da sociedade civil não possuem trabalhadores formalizados, mas prestadores de serviços e voluntários. Assim como a terceirização, o voluntariado pode ser uma boa alternativa para as ONGs que não conseguem arcar com folhas de pagamento.
- **Sinergia** — Foi possível observar a clara perda de sinergia entre os projetos, ou seja, várias atividades iguais ou semelhantes executadas por pessoal vinculado a cada projeto, mas que poderiam ser encabeçadas por um único grupo que atendesse a todos. Esteja atento para que esse custo seja pago pelos projetos (custo vinculado), caso contrário, os custos não vinculados da ONG se tornarão mais altos.

Considero esse tipo de análise um diagnóstico bastante interessante, na medida em que permite a homogeneização dos procedimentos entre os projetos e, mais ainda, uma clara redução de custos dos projetos, mantendo ou melhorando a competitividade da ONG no mercado.

A visão de custos por resultados (quanto custa o resultado de um projeto, segregado por atividade-fim e atividades-meio) torna o balanço econômico mais bem estruturado — porque o custo da atividade-fim deve ser proporcionalmente maior que o custo das atividades-meio, ou seja, a ONG no patamar de excelência na execução de projetos, e não uma geradora de custos fixos que travam suas ações sociais. Eventualmente, a ONG pode até considerar todos os custos das atividades-meio como contrapartida, garantindo ao investidor social a aplicação de 100% dos recursos na essência do projeto. Seria matador na captação de recursos, não?

Depois de apurados os custos de maneira segregada, temos de tratar da natureza dos recursos captados. Esse plano de captação deve contemplar a natureza dos recursos (vinculados e não vinculados), para que a ONG planeje o volume de recursos a ser captados ou gerados, com o objetivo de manter a sustentabilidade econômico-financeira ao pagar todos os seus custos não vinculados com recursos próprios.

Cálculo da sustentabilidade mínima

Agora que a ONG conhece todos os seus custos, o próximo passo é calcular o Índice de Sustentabilidade Mínima (ISM).

O ISM deve ser calculado com base em recursos e despesas não vinculados, uma vez que os vinculados cobrem apenas projetos específicos e, quando há sobras, a ONG deve devolvê-las ao investidor social. Para calcular o ISM, usamos a seguinte fórmula (considere os valores baseando-se na projeção da ONG para determinados períodos, por exemplo, qual a receita não vinculada necessária para um ano de atividade):

ISM = Receitas não vinculadas / despesas não vinculadas

Caso o resultado seja maior que 1, a sustentabilidade econômico-financeira para aquele período está garantida — as receitas não vinculadas serão superiores às despesas não vinculadas. Considerando que os custos vinculados serão pagos pelos investidores dos projetos, o plano financeiro para o período está adequado.

No entanto, se o resultado for inferior a 1, as receitas não vinculadas serão menores que as despesas não vinculadas, e faltará dinheiro para pagar as contas inerentes à ONG. O que fazer nesse caso?

Passo 1: Revise o plano para ter certeza de que as premissas e os números são razoáveis e não há nenhum erro. Tenha em mente que, quando falamos em planilhas, um erro de fórmula pode levar a uma conclusão totalmente errada.

Passo 2: Caso o resultado seja mesmo inferior a 1, fica confirmada a existência de um problema estratégico e é preciso pensar num modo de gerar mais receita não vinculada.

Passo 3: Quando a ONG decide atribuir custos internos aos projetos, chamo essa técnica de "prestação de faz de conta". Isso acontece em organizações que trabalham apenas com recursos vinculados e nunca observaram esse tipo de planejamento. Na confecção do orçamento do projeto, são alocadas as despesas administrativas (não vinculadas) como se fossem vinculadas — por exemplo, despesas com contador, gestor financeiro, auxiliar administrativo, telefone, energia, aluguel etc. Mesmo que o investidor social aceite essa situação e a despeito da questão ética ou legal, não recomendo esse caminho porque, além de não ser uma prática totalmente correta, é uma tremenda miopia: quando terminarem os projetos e eles não forem renovados, quem pagará as despesas não vinculadas da ONG?

Passo 4: O melhor caminho é o aumento das receitas não vinculadas na proporção direta das despesas não vinculadas. Esse item deve fazer parte do planejamento estratégico e do planejamento anual da ONG. Se for uma constatação no ano, a solução pode ser pontual, mas, se observarmos a tendência de repetição, então trata-se de uma questão estratégica.

4

A estruturação

OS PONTOS QUE DEFINEM A ROTA

Tendo todo o conhecimento da própria ONG e o planejamento desenvolvido, é hora de definir o mapa para concretizar as propostas. Isso significa também lidar com as questões financeiras, os riscos e o movimento da organização para a captação de recursos.

Planejamento financeiro

No Terceiro Setor, o planejamento financeiro deve ser considerado um momento importantíssimo e oportuno para discutir a quantidade e a extensão dos projetos. Há uma ideia geral, nas próprias entidades, de que elas vivem com insuficiência de recursos. Acredito que essa afirmação, na maioria dos casos, acontece em decorrência da falta de planejamento financeiro, afinal, como já vimos, um projeto só deve ser aprovado e iniciado se tiver uma fonte garantida de recursos.

Existem alguns fatores que determinam a insuficiência de caixa. O primeiro deles pode ser explicado com um dito popular: "o frio maior que o cobertor". Em geral, a entidade quer executar o máximo de projetos sociais, com o maior volume possível de atendidos, o que seria muito louvável, não fossem os problemas que se revelam a partir da resposta às seguintes perguntas:

- De onde os recursos vêm?
- A entidade possui todo o dinheiro necessário para financiar os projetos?

Nesse ponto, o planejamento financeiro é fundamental para adequar as propostas e as atividades relacionadas ao volume de recursos disponíveis.

O segundo fator é o fluxo de caixa do projeto. A entrada de recursos está combinada com as necessidades de desembolsos dos projetos? É muito comum que entidades deem início ao projeto sem ter recebido nem mesmo a primeira parcela dos recursos. Não é difícil imaginar que, nesse caso, é preciso utilizar recursos próprios da entidade, porque recursos de outros projetos vinculados não poderão ser usados. Tudo isso pode comprometer a saúde financeira da organização: portanto, a falta de planejamento pode criar uma situação crítica de gestão de recursos financeiros que impactará o desenvolvimento de todo o plano da entidade.

O terceiro aspecto está relacionado a usos e costumes no dia a dia da entidade. Para avaliar a situação, devem ser respondidos os seguintes questionamentos:

- Temos certeza de que o custo de nosso projeto é realmente o mais baixo possível?
- Estamos seguros de que os materiais e os serviços a ser contratados são os mais adequados em termos de preços?

É possível que os projetos comecem a ser executados sem a análise da eficiência no que diz respeito aos custos. As entidades que não observam esse ponto podem estar praticando custos altos, irreais, que com o passar do tempo podem inviabilizar suas atividades. É importante reforçar aqui que parte dos investidores sociais faz concursos de projetos através de editais e o custo tem alto impacto na decisão de qual entidade receberá o recurso. Ressalte-se também que, segundo a nova Lei nº 13.019/2014, todo recurso público também estará sujeito a chamamento público, o que poderá criar uma competição entre as ONGs na captação de recursos com os entes federados.

O quarto fator é a necessidade de integração entre as diversas áreas da entidade. A área técnica (ou de projetos) pensa no conteúdo. Se o custo não for considerado, porém, o projeto permanece abstrato, sem a objetividade de valores que possibilita colocar algo em prática. Desse modo, precisamos considerar que um projeto de sucesso deve ter a visão de todos os departamentos e as especificidades que se relacionam com ele para que seja uma boa aposta, considerando os impactos em todos os departamentos — do financeiro aos recursos humanos, da área de criação, do desenvolvimento e de todos os outros.

Por fim, o quinto ponto a ser observado é a quantificação. Muitas pessoas são especialistas em boas ideias, mas, sem quantificação, a criatividade pode esvair-se na subjetividade, impossibilitando que uma boa ideia seja realizada por causa da falta de recursos financeiros. Também é fundamental que todas as áreas da entidade participem desse processo para testar e ajustar as ideias propostas.

Esses pontos nos levam ao conceito de recursos vinculados e recursos não vinculados: quando definimos o planejamento, é imprescindível saber quais serão os recursos diretos para projetos específicos e quais a entidade terá liberdade de usar a partir das próprias decisões.

Orçamento

O orçamento nada mais é do que um plano financeiro. Ele é a quantificação do planejamento, o ponto de equilíbrio entre o sonho e a realidade — tendo em vista a disponibilidade de recursos. Podemos explicá-lo dizendo que ele é uma ferramenta de fundamental importância no planejamento, no controle e na gestão das atividades da ONG.

As entidades do Terceiro Setor devem trabalhar com três tipos de orçamento:

- custeio dos projetos: estimativa de custos para as operações de determinado projeto em determinado período;
- orçamento para as despesas não vinculadas a projetos: os gastos indiretos da ONG (tudo aquilo que não tem relação com a verba utilizada em projetos);
- orçamento de investimentos: previsão de desembolsos com a compra de bens e equipamentos de longa duração para a realização das atividades operacionais.

A maioria das ONGs trabalha com um orçamento para cada projeto, portanto o custeio seria a somatória dos orçamentos de projetos e do orçamento das despesas não vinculadas a eles.

Há, ainda, algumas considerações importantes sobre o orçamento de um projeto:

Estimativa: o orçamento deve se basear na melhor estimativa naquele momento para a realização das atividades previstas no projeto.

Utilização de padrões: com o passar do tempo, a experiência da entidade pode estabelecer padrões de custo para determinadas atividades. O custo para inclusão de um jovem na área de informática da entidade custa sempre determinado valor, por exemplo. Só tome o cuidado de não se esquecer de criar uma regra que determine um período para a revisão desses valores.

Rubricas do orçamento: a nomenclatura dos tipos de despesas e receitas que são colocados no orçamento deve ser a mesma da contabilidade, porque, no momento em que tiverem de comparar o orçado com o realizado, o sistema de acumulação de custos estará alinhado, o que facilitará muito o processo de análise. Para ilustrar o que acontece quando essa padronização não existe, gosto de lembrar de quando tive oportunidade de promover uma reunião conjunta entre o departamento financeiro, o pessoal da contabilidade e os gestores de projetos com o objetivo de acabar com a "Torre de Babel" das nomenclaturas. Cada departamento tinha suas preferências, a ONG não seguia padrão nenhum. Na hora de prestar contas e comparar o orçado com o real, ninguém se entendia, e isso levava cada um a criar o próprio controle, o que evidentemente não deixaria nenhuma conta bater com outra, trazendo ainda mais prejuízo ao pensar nos gastos não vinculados a projetos. Portanto, vamos cuidar da eficácia nos controles. Promova uma reunião e, em conjunto com a equipe, determine a nomenclatura e o modelo de acumulação, para que assim todos falem a mesma língua.

Ferramenta de gestão: considere sempre que o orçamento de um projeto apresentado ao investidor social representa o planejamento daquele projeto e, portanto, será o instrumento de controle de suas atividades, algo fundamental na prestação de contas. Para que esse processo seja transparente, deve ser apresentada uma comparação eficiente e clara entre o orçado e o realizado.

Governança: parte das entidades entende, em sua estrutura de governança, que a diretoria deve apresentar o orçamento anual ao conselho de administração e/ou conselho fiscal para aprovação. Essa mecânica permite que os conselheiros debatam os planos da diretoria que, uma vez aprovados, passam a ser o controle da execução das atividades e do resultado para a comparação daquilo que foi planejado com aquilo que foi realizado.

Figura 4.1. Funções do orçamento

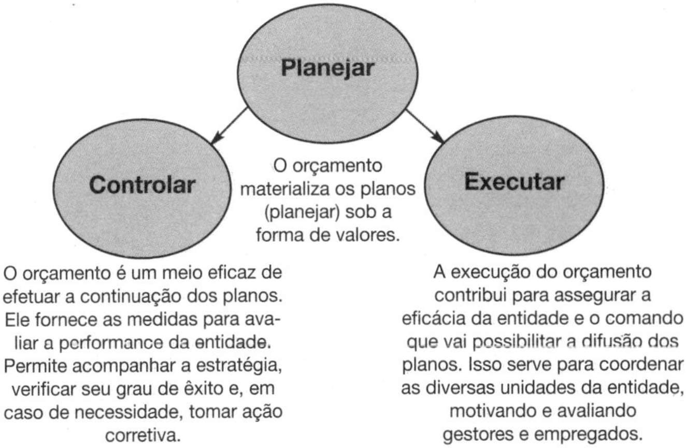

Fonte: Boisvert, 1999.

A Figura 4.1 demonstra claramente as funções de um orçamento — principalmente ao considerarmos que o plano de orçamento é a materialização do que foi dito por Aristóteles: "É fazendo que se aprende a fazer aquilo que se deve aprender a fazer". É comum que, de início, surjam dúvidas e dificuldades. Ao longo do tempo, porém, cada um adota uma metodologia própria que facilitará esse processo. Nunca tenha a pretensão de acertar tudo, pois é impossível adivinhar o futuro e fazer uma previsão orçamentária perfeita, levando em conta cada desvio no caminho.

Uma dica que discuto com meus alunos sobre a elaboração de um orçamento de projeto é a seguinte: quando não há um orçamento, procure analisar o projeto escrito e, em uma folha em branco, anote tudo o que seria necessário para executar aquelas atividades. Se você está lendo um projeto de inclusão em informática, por exemplo, vai se deparar com necessidades como computador, impressora, papel, internet, mesa, sala, energia elétrica, pessoal, e assim por diante. No final da leitura, provavelmente você terá listado quase todas as necessidades. Discuta com outra pessoa para encontrar os itens faltantes e, com a lista completa, classifique cada item e faça as estimativas. É comum errar bastante no começo, mas o tempo torna a compreensão das médias um conhecimento intrínseco.

Governança

Qualquer tipo de programa de governança corporativa só será eficiente se contar com a presença de quatro principais agentes:

- conselho de administração;
- diretoria (CEO — diretor executivo);
- auditoria independente;
- conselho fiscal.

Cada um desses agentes tem tarefas essenciais para a efetivação do processo de prestação de contas (*accountability*), equidade (*fairness*) e transparência (*disclosure*), considerados os três elementos formadores do tripé da governança corporativa. Apesar de existirem investidores e parceiros que contribuam com valores diferentes, estes não são proprietários da organização e o conceito de equidade acaba se tornando um meio de assegurar a relação de todos os envolvidos nas questões corporativas mais densas.

Captação de recursos

Uma das principais características das ONGs é o financiamento de sua sobrevivência. Ao contrário de empresas e cooperativas, as entidades sem fins lucrativos não são dotadas de estrutura e muito menos têm a finalidade de produzir bens voltados para o comércio. Também não podem cobrar impostos ou taxas da população, como faz o Estado. Elas não administram grandes somas como as financeiras. Não cobram taxas sindicais. Não recebem colaboração fixa de seus membros... É fácil perceber a imensa dificuldade para obter recursos financeiros.

Segundo a Associação Brasileira de Organizações Não Governamentais (Abong),[4] o modelo aceitável de financiamento das ONGs se fundamenta no recebimento de doações oriundas

---

[4] ASSOCIAÇÃO BRASILEIRA DE ORGANIZAÇÕES NÃO GOVERNAMENTAIS (ABONG). *ONGs no Brasil: perfil e catálogo das associadas à ABONG — 2002*. São Paulo, 2002.

de indivíduos e outras organizações que podem ser empresas, fundações, órgãos estatais nos três âmbitos (municipal, estadual e federal), organismos bi e multilaterais e agências internacionais de cooperação.

Nesse panorama, um dos grandes desafios encarados pelas ONGs tem a ver com a aquisição de recursos para sustentar ações e consumar projetos que procuram alcançar os fins para os quais foram designados — algo que tem provocado uma grande revolução na política de gestão e conquista de recursos para o Terceiro Setor no Brasil,[5] pois busca-se a autossustentabilidade e a conquista de autonomia suficiente para levar os projetos adiante.

Para superar esses desafios, a captação de recursos no Brasil precisa derrubar algumas barreiras que impedem seu desenvolvimento. Essas barreiras são culturais, considerando as técnicas de marketing que não podem estar restritas somente ao Primeiro e ao Segundo Setores, mas também às instituições sem fins lucrativos, por dois fatores muito claros:

- o Terceiro Setor proporciona efeitos bastante positivos ao abranger questões de interesse da sociedade, como a prevenção de doenças como câncer de mama e aids, o incentivo ao uso de camisinha etc.;
- o contato das ONGs com o mundo empresarial vem crescendo nos últimos anos, principalmente com o aumento das empresas cidadãs ou socialmente responsáveis.

Contudo, é preciso investimento e técnica para render resultados favoráveis.

Também não basta ter apenas doadores: a ONG precisa transformá-los em colaboradores e parceiros, por meio da identificação dos mais engajados e com afinidade pela proposta da ONG, do eficiente uso dos recursos e da apresentação dos efeitos advindos dos recursos doados aos concessores. Tudo isso demonstra um modelo de processo profissional das organizações que demandam essas doações.

---

[5] FONSECA, Luzia Viana de. O Estado, o Terceiro Setor e o mercado: uma tríade complexa: In: CONGRESSO BRASILEIRO DE CONTABILIDADE, 16. 2000, Goiânia. *Anais...* Brasília: CFC, 2000.

De acordo com Valarelli,[6] uma estratégia bem formada de captação de recursos que aumente e diversifique as fontes de captação colabora para aumentar a autonomia das organizações diante de transformações e cobranças das fontes de financiamento, proporcionando a elas maior capacidade de manutenção de sua identidade sem ter de abrir mão de sua incumbência e seus valores, que são bem requisitados pelas entidades doadoras, conseguindo, assim, manter a independência diante dos interesses dos investidores.

Para que exista uma constante entrada de recursos, é imprescindível o equilíbrio entre acolher as probabilidades e as reivindicações dos doadores em relação à aplicação dos recursos (financeiros ou não) e atender aos beneficiários com serviços de qualidade e que verdadeiramente preencham suas necessidades e agradem aos doadores. O sucesso na captação de recursos depende do diálogo entre a organização e seus doadores.

Em qualquer segmento administrativo, a comunicação é uma das principais ferramentas do marketing. As empresas com fins lucrativos utilizam a comunicação para aumentar as vendas, motivar consumidores, melhorar a imagem de sua marca perante o público em geral e envolver os distribuidores.

As organizações do Terceiro Setor, da mesma maneira, podem utilizar as ferramentas de comunicação com diversas finalidades, entre elas a captação de novos parceiros e doadores, recrutamento e estímulo ao voluntariado, informação para conselheiros e outros parceiros sobre o andamento das atividades, aumento do envolvimento dos beneficiários e de suas famílias, além da prestação de contas à sociedade sobre o investimento dos recursos recebidos e outras, como dito por Andrea Goldschmidt em "Estratégias de comunicação para o Terceiro Setor" para a revista *Integração*.

Novamente o planejamento aparece como peça-chave para determinar as necessidades de um projeto e de uma ONG, inclusive separando os recursos por sua natureza — vinculados ou não vinculados.

---

[6] VALARELLI, Leandro Lamas. *Gestão do Terceiro Setor*: uma noção ampliada de captação de recursos. Disponível em: <http://www.rits.org.br>. Acesso em: 23 nov. 2009.

O planejamento para a captação de recursos deve ser elaborado com antecedência, considerando as necessidades, as fontes de recursos e a sua natureza, os prazos, as responsabilidades e a definição do grupo gestor que acompanhará esse processo.

Quando os recursos começam a ser recebidos, é hora de iniciar os controles financeiros de cada projeto. Tenha em mente que, para os recursos vinculados, é preciso ter uma conta bancária específica. Os não vinculados podem ser mantidos em uma conta própria da entidade.

Já discutimos diversas maneiras de obter investimento financeiro para o desenvolvimento de projetos da entidade — como os editais, por exemplo. Quais são, porém, as estratégias para aumentar os recursos não vinculados? É o que veremos a seguir.

Captação de recursos não vinculados

Conseguir investimento financeiro que dê suporte à organização para a realização dos projetos sociais planejados é um desafio que toda ONG deve encarar. Contudo, a obtenção de recursos não vinculados a projetos tem sido um desafio, talvez ainda maior porque todos querem financiar projetos que apresentam resultados palpáveis, e não as despesas do dia a dia da ONG. Há diversos modos de fazer isso — cabe a você avaliar quais os melhores para o seu caso. São eles:

- **Eventos** — Eventos periódicos que podem se tornar tradicionais são um ótimo meio de captar recursos de natureza não vinculada.
- **Doações espontâneas** — Captar ou aumentar a captação de doações não vinculadas por meio de telemarketing, por exemplo.
- **Mensalidades** — Algumas ONGs conseguem captar mensalidades de doadores ou associados que podem ser suficientes para suas necessidades.
- ***Endowment*** (dotação ou fundo financeiro) — Algumas ONGs, como as fundações, pela própria natureza nascem com uma dotação patrimonial que pode gerar sua renda mensal. Outras ONGs, mesmo sem essa dotação inicial, podem acumular algum patrimônio ao longo do tempo. Esse patrimônio gera renda e pode ser um grande fator de sustentabilidade da entidade, mas deve ha-

ver um planejamento para manter a perenidade desse patrimônio e da renda que será gerada.

Conheço algumas ONGs que mantêm o patrimônio, seja por meio de imóveis alugados, seja com recursos aplicados no mercado financeiro. A renda gerada nem sempre é suficiente para cobrir todos os gastos da entidade, mas ajuda, e muito. Gastos fixos (e, eventualmente, de alguns projetos) podem ser financiados por essa renda, mas o segredo é sempre analisar a renda gerada pelo patrimônio e o investimento nos gastos fixos e projetos, porque esse patrimônio não pode ser dilapidado sem uma condição de reposição. Considere que esse patrimônio está representado por recursos aplicados no mercado financeiro. Sabendo que a renda ficará ao sabor das ondas do mercado, quanto poderá ser gasto no ano? Mais ainda: que valor não deve ser gasto e capitalizado para manter o poder de compra do patrimônio? Se gastarmos toda a renda sem uma reposição do capital pela inflação, sabemos que em longo prazo o patrimônio poderá desaparecer. Dessa maneira, a sustentabilidade por meio desse fundo deve ser muito bem planejada.

- **Revisão da natureza dos recursos captados** – Coloco isto em função de uma experiência prática: uma ONG com a missão voltada para meio ambiente e geração de renda desenvolve projetos nessa área, principalmente associados ao estudo da sustentabilidade ambiental e social relacionada a uma empresa que deseja montar uma fábrica em determinada região do país. Como se trata de um investidor único, cujo resultado do projeto é de seu total interesse (estudo do eventual passivo ambiental e social), entendo ser uma prestação de serviço e não um investimento social vinculado a um projeto. Uma revisão no processo de negociação dos recursos e na formalização do contrato poderia transformar um recurso vinculado em um recurso não vinculado. Deve-se levar em conta também a mudança na tributação, porque a doação está sujeita ao Imposto sobre Transmissão *Causa Mortis* e Doação (ITCMD), de acordo com a legislação de cada estado; a prestação de serviço está sujeita ao Imposto Sobre Serviço (ISS), dependendo da legislação do município e, eventualmente, sujeita também à Contribuição para o Financiamento da Seguridade Social (Cofins).

- **Geração de renda** — Algumas ONGs, como as escolas e os hospitais filantrópicos, têm geração de renda natural. Estes cobram a prestação dos serviços do beneficiário (os hospitais cobram do Sistema Único de Saúde (SUS), dos convênios e de pagamentos particulares) e mantêm certos critérios e procedimentos determinados pela legislação. Considerando que nem sempre a cobrança dos serviços é suficiente para pagar as despesas, vemos aqui entidades que, em princípio, não têm geração de renda própria.

Uma ONG tem uma missão que é executada no dia a dia por meio dos projetos sociais que realiza. Nesse sentido, adquire um conhecimento extremamente importante em sua área de atuação. Veja que a aquisição desse conhecimento é feita, principalmente, pelos projetos financiados com recursos vinculados, mas, como o conhecimento não é vinculado, pode ser vendido como prestação de serviços.

A execução da missão gera conhecimento, que é transformado em atividade econômica = Produtos ou serviços comercializáveis = **Geração de renda própria**.

Esse é um dos melhores caminhos para pensar em gerar renda, porque a ONG estará lidando com algo que já conhece e sobre o qual, portanto, tem domínio. Obviamente muita coisa deve ser repensada e mudada, como a forma de venda, os preços e os custos, o impacto tributário, os controles financeiros e contábeis.

Mais uma vez deve haver um ótimo planejamento para não entrar "numa fria". Muitas ONGs decidem gerar renda com atividades totalmente diferentes de sua missão, como montar uma padaria para vender pão. Se a organização não é do ramo, provavelmente perderá feio para o "português da esquina". Acho que quanto mais se concentrar em gerar renda numa atividade distante da missão da ONG, maior o risco de não dar certo — ou tornar o negócio totalmente diferente das atividades da ONG.

Conheço uma fundação com a missão voltada para a educação que um dia resolveu comercializar produtos veterinários para melhorar sua sustentabilidade. O projeto vem evoluindo a passos lentos e, hoje, é possível até vislumbrar um resultado positivo, mas imagine o tempo e o recurso investidas em uma área completamente fora da especialidade da entidade. Só para exemplificar, existe uma diferença de prazo entre a compra e a estocagem dos produtos e o recebimento das vendas em relação ao pagamento dos fornecedores, que em geral vem antes do recebimento dos clientes, exigindo da ONG um capital de giro. A entidade tem esse recurso?

Outro cuidado importante com relação ao conhecimento adquirido por uma ONG é a retenção. Em geral, o conhecimento fica armazenado na cabeça dos profissionais que executam os projetos, portanto sua retenção depende da manutenção desses recursos humanos na ONG. Contudo, no encerramento dos projetos, caso essas pessoas sejam dispensadas, a entidade estará colocando fora o conhecimento adquirido. Caso a decisão seja manter os recursos pessoais independentemente da continuidade dos projetos, haverá aumento de gastos fixos, o que, com certeza, impactará a sustentabilidade (ISM) da organização. Por essa razão, a retenção do conhecimento como capital intelectual da ONG deve ser planejada e considerada um componente estratégico. Que tal começarmos a pensar em gestão do conhecimento?

Fluxo de caixa

O fluxo de caixa é o instrumento que permite ao gestor esquematizar e conduzir todos os recursos da ONG. Enquanto no orçamento projetamos o custo total de um projeto, o fluxo de caixa define as entradas e as saídas do dinheiro ao longo desse orçamento. A importância está em planejarmos o movimento de recursos financeiros ao longo do projeto para sabermos se, em algum momento, teremos sobra ou falta de recursos.

No Terceiro Setor, é natural que, no curso de um projeto, aconteça um descompasso entre a entrada e a saída dos recursos. O fluxo de caixa tem a função de quantificar esse descompasso, para que os gestores possam tomar decisões importantes. Quando houver sobra de recursos, por exemplo, eles podem ser aplicados no mercado financeiro — uma exigência em muitos contratos, principalmente de recursos públicos. No caso de falta de recursos, o fluxo de caixa oferece subsídios para que o gestor saiba o que fazer para atender às obrigações contratadas sem a disponibilidade de recursos naquele determinado período.

Assim como no orçamento, o fluxo de caixa deve ser preparado considerando cada projeto, principalmente nos casos em que os recursos captados são de natureza vinculada. Além disso, é importante ressaltar que as demonstrações desse fluxo financeiro podem ser afetadas simultaneamente pela ocorrência das transações rotineiras. É muito comum se deparar com situações em que a entidade tem muitos recursos, mas, ao observar os projetos individualmente, é possível encontrar sobra em alguns e falta em outros.

Considerando que recursos de natureza vinculada não pagam custos de outros projetos, deve-se buscar alternativas para financiar a falta de caixa. Projeto saudável é aquele cuja entrada de recursos atende totalmente à necessidade de pagamentos sem gerar deficiência de caixa.

Em certa ocasião, na orientação de um trabalho de conclusão de curso, observei uma situação exatamente assim: a entidade tinha um grande volume de projetos, mas carecia de uma visão de fluxo de caixa para cada um. Dessa forma, não era possível conhecer a real situação de cada projeto, bem como as ineficiências individuais e, mais ainda, os responsáveis não eram sensibilizados para a situação. O trabalho consistia em estabelecer uma metodologia de fluxo de caixa por projeto, identificando, caso a caso, a sobra e a falta de recursos. Como resultado, encontramos os projetos deficitários que sugavam recursos da entidade e foi possível sensibilizar o coordenador do projeto e o investidor social para esse descompasso.

Na prática, o fluxo de caixa pode ser preparado tanto em uma simples folha de papel quanto em um sofisticado sistema de informática. Tudo depende da necessidade e da disponibilidade de recursos da entidade. Observe a Tabela 4.1.

Tabela 4.1. Exemplo de fluxo de caixa

FLUXO DE CAIXA GERAL **Mês**

Itens/ semanas	Semana 1		Semana 2		Semana 3		Semana 4		TOTAL	
	P	R	P	R	P	R	P	R	P	R
Saldo inicial										
Caixa										
Bancos										
TOTAL										
Entradas										
Projeto A										
Projeto B										
Outras										
TOTAL										
Saídas										
Projeto A										
Projeto B										
Despesas fixas										
Fornecedores										
Salários										
Encargos										
Benefícios										
Água										
Energia										
Telefone										
Combustíveis										
Veículos										
Material de escritório										
Despesas bancárias										
TOTAL										
Saldo final										

* legenda: P: Previsto; R: Realizado

Fonte: elaborada pelo autor.

A Tabela 4.1 é um exemplo simples de planilha que procura estabelecer o fluxo de caixa de uma ONG num período de quatro semanas. Vale lembrar que o horizonte ou período do fluxo de caixa depende das necessidades da entidade.

Seguindo esse modelo, a ONG deverá gerar um conjunto de planilhas por projeto que, junto com a despesa não vinculada da entidade e o resumo (Tabela 4.1), formará uma visão financeira no horizonte de quatro semanas. Como já mencionado, esse resultado pode não ser alvo de gestão, uma vez que os recursos de natureza vinculada não se misturam — e, assim, os gestores devem se basear no fluxo de caixa de cada projeto.

Observe que a tabela demonstra o início da planilha com o saldo disponível no início da semana e estima as entradas e saídas nesse mesmo período, apurando um saldo final que será o inicial da semana seguinte. Observe, também, que existe uma coluna de orçado (previsto) e outra de real (realizado). Por ocasião do planejamento, temos apenas o orçado. No final da primeira semana, o cenário já mudou: temos, agora, condição de apurar o realizado e comparar o estimado com o realizado, conhecendo e aprendendo com os erros de estimativa, alterando o orçado das demais semanas. Terminada e avaliada a primeira semana, acrescentamos outra, e assim sucessivamente.

O segredo de uma ferramenta de controle é gastar o mínimo de tempo na preparação e o máximo em gestão e tomada de decisões. Nesse ponto é que a tecnologia da informação pode ajudar muito — e o gestor pode vir a ter a ferramenta preparada por um sistema, sobrando-lhe muito mais tempo para análise e decisões. Ainda assim, não pense que a solução seja a compra de um software. Se a entidade e o gestor não têm princípios e metodologia conhecidos e dominados, a simples implantação do sistema pode não solucionar o problema.

A visão de quatro semanas futuras da situação financeira da entidade é um instrumento fundamental de decisão com tempo suficiente para a operacionalização. Considere sempre que, quanto mais cedo tomamos conhecimento de um problema financeiro, mais tempo teremos para a tomada de decisão e operacionalização da solução. A gestão financeira pode não trazer mais recursos para a entidade, mas promoverá a eficiência dos recursos captados.

Uma dica importante: o fluxo de caixa deve estar sempre conciliado com a posição dos bancos (extratos). Caso contrário, podemos ter uma informação diferente do banco e, dessa forma, será impossível saber o que está incorreto. Para que a ferramenta seja eficiente, ela deve estar perfeitamente alinhada com os controles do banco.

Com objetivo e equipe definidas, é hora de traçar sua rota nesse universo. Além do planejamento anual, que já foi citado, invista no desenvolvimento de um orçamento de fácil acesso a todos. Quanto mais claro você for nesse aspecto, mais fácil será prever problemas e soluções.

Acompanhe de perto o progresso de suas ações e seus projetos para ater-se ao que de fato acontece, em vez de àquilo que foi planejado. Uma boa maneira de fazer isso é comparar, durante o desenvolvimento de seus planos, o orçamento planejado com aquele que está sendo realizado. Esse é um ótimo indicador para entender se você precisa fazer grandes ou pequenas mudanças, e controlar seu setor financeiro e contábil.

OS INDICADORES DO CAMINHO

Você tem tudo: objetivo, equipe, planejamento e recursos. É hora de dar a partida e seguir em frente. No caminho, porém, é preciso que se mantenha atento a tudo o que pode acontecer — você terá de checar, questionar e, em algum momento, fazer ajustes no que foi estimado e apresentado em outras necessidades.

Com isso em mente, é hora de falar dos principais indicadores que apontam se a ONG está ou não no caminho certo: controles financeiro e contábil e análise dos orçamentos.

Iudícibus, Martins e Gelbcke (2007) esclarecem que "a contabilidade é, objetivamente, um sistema de conhecimento e estimativa reservado a munir seus usuários com comprovações e apreciações de natureza econômica, financeira, física e de produtividade, com relação à entidade que faz parte da contabilização".

A contabilidade tem sido um dos calcanhares de Aquiles das entidades do Terceiro Setor. A questão começa pelo desconhecimento dos gestores do mínimo necessário para contratar um contador que possa fazer a diferença. O gestor não precisa ser um expert em contabilidade, mas deve conhecer as necessidades da sua entidade com visão de controle e gestão.

Por uma questão natural de mercado e custos, a maioria das entidades contrata um contador externo. Essa situação, porém, estabelece alguns cuidados a ser tomados para que esse tipo de relação profissional seja eficiente. Deve existir, no mínimo, um cronograma de atividades que aproxime a entidade do seu contador e estabeleça datas e responsabilidades de ambas as partes. É fundamental que o cronograma determine datas para entrega dos resultados contábeis e balancetes para que a contabilidade possa ser acompanhada e tratada como um dos elementos de tomada de decisões dentro das boas práticas de governança.

Minha experiência com ONGs permite ver que a contabilidade é tratada apenas como uma obrigação legal, sem utilizar uma de suas principais funções: a produção de ferramentas para a gestão e o controle das atividades e do desempenho da entidade. Em geral, o contador é contratado por alguma indicação sem a análise de sua experiência no Terceiro Setor e começa a fazer o trabalho sem uma conversa inicial com os gestores. O plano de contas, que é a estruturação da contabilidade, não é, desse modo, analisado e discutido de maneira apropriada.

Assim, os resultados contábeis seguramente não serão adequados para as necessidades da ONG. É muito importante evitar a prática de "copiar e colar" na estruturação do plano de contas: gestores devem participar de todos os resultados contábeis e questioná-los. Vamos a um exemplo simples: sabemos que os recursos públicos devem ser claramente segregados na contabilidade (Federal, Estadual e Municipal), caso contrário, não seria possível comparar as entradas desses recursos com a prestação de contas. Se o plano de contas não contemplar essa segregação, teremos de fazer um controle extracontábil para isso, o que resulta num desastre: além de ser um trabalho adicional, ele nunca é conciliado com a contabilidade. O que ganhamos com isso? Desencontros.

Outra questão corriqueira é o caso das despesas não alocadas por projeto na contabilidade, ou seja: não é possível comparar entradas e saídas com a prestação de contas. Além da gestão e do controle por meio da contabilidade, tenha em mente que as Normas Brasileiras de Contabilidade exigem que a prestação de contas esteja claramente suportada e segregada na contabilidade.

Quando os gestores se distanciam do dia a dia da contabilidade surgem graves erros, mesmo que a contabilidade seja apropriada por projetos. Em geral, os documentos-base para a contabilização não dão todas as informações para a classificação contábil, ainda mais para o projeto. Certa vez, deparei-me com a seguinte situação: os gestores de uma ONG haviam vendido um veículo e não avisaram o contador. Ele, por sua vez, viu um crédito no extrato bancário e não teve dúvidas: lançou como doação espontânea.

O envio periódico dos documentos para a contabilidade deve trazer um cronograma na identificação das transações em cada um dos documentos e que projetos se referem. O mais importante ao receber o balancete da contabilidade, porém, é conciliá-lo com os controles financeiros da ONG. Se isso não acontecer, o departamento financeiro seguirá um caminho, enquanto a contabilidade seguirá outro. Qual será o certo, considerando que os números da ONG deveriam ser apenas um?

Costumo fazer um teste global: peço todas as prestações de contas dos projetos e examino cada uma delas com a contabilidade. Na maioria das vezes, nada bate com nada. Decidir o certo é o mais difícil. Segundo as disposições legais, a contabilidade é obrigatória — um instrumento oficial de apuração de desempenho de uma pessoa jurídica. Assim, façamos dela um instrumento de controle e gestão para a governança, evitando retrabalho, riscos de erros, necessidades de conciliações e perda de tempo.

Sugiro que faça um teste na ONG: obtenha todas as planilhas de controle preparadas por todo o pessoal da gestão. Observe os conteúdos e constate quantos dados são acumulados de forma repetitiva e diferente. Veja o retrabalho e compare tudo isso com o resultado contábil. Analise quanto a contabilidade pode prover das informações sem a necessidade de controles adicionais ou o que poderia ser mudado na contabilidade, para que ela possa apresentar os dados sem a necessidade de planilhas.

Considero esta uma ferramenta excelente e que deve ser bem utilizada. No final das contas, os dados da ONG estão espalhados por planilhas de vários colaboradores sem integração. Quando você pergunta "Por que esse número não é o mesmo da contabilidade?", a resposta-padrão é "Esse é o meu número, o do contador eu não sei, veja com ele". Os números devem ser iguais, portanto, devem usar um sistema de acumulação único e que todos utilizem: a contabilidade.

Sei que muitas entidades já têm isso bem organizado, mas a minha experiência mostra que várias sofrem com esse problema. Embora não seja algo simples, é uma medida essencial para assegurar o desempenho futuro da ONG.

Veja a seguinte situação: segundo a legislação, todas as entidades sem fins lucrativos que têm ou pretendam obter o Certificado de Entidade Beneficente de Assistência Social (Cebas) devem seguir as Normas Brasileiras de Contabilidade (Lei nº 12.101/2009) e ainda mais: acima de determinada receita, as demonstrações contábeis devem ser auditadas. Nesse caso, todas as entidades que tenham ou pretendem ter o Cebas devem contar com a ajuda da contabilidade para atingir esse objetivo.

Tenho visto muitas ONGs ser questionadas sobre aspectos contábeis — algumas com soluções relativamente fáceis, outras que permanecem sem tempo nenhum para resolver as pendências contábeis no prazo estabelecido pelo ministério. Ainda nesse caso, digamos que a ONG, por força da lei, seja obrigada a ter auditoria: o auditor opinará sobre as demonstrações contábeis com base nas Normas Brasileiras de Contabilidade. Caso a entidade não tenha seguido algum pressuposto que possa trazer efeito significativo, o auditor será obrigado a mencionar esse fato em seu relatório e, por isso, o ministério poderá negar o Cebas ou sua renovação.

Moral da história: a ONG deve olhar para a contabilidade como um fator estratégico na sustentabilidade do Cebas. Afinal de contas, é ela quem contrata um auditor e paga seus honorários, e é ele o auditor que, se for o caso, terá de mencionar que a ONG não seguiu as normas — o que pode causar a perda do Cebas. O resultado? A perda das isenções, principalmente a quota patronal, o que pode trazer grandes prejuízos futuros.

O artigo 33 da Lei nº 13.019/2014 estabelece que, para celebrar termo de colaboração e fomento, deve constar no estatuto da entidade, entre outros itens, o seguinte:

> IV — normas de prestação de contas sociais a serem observadas pela entidade, que determinarão, no mínimo:
>
> a) a observância dos princípios fundamentais de contabilidade e das Normas Brasileiras de Contabilidade.

b) que se dê publicidade, por qualquer meio eficaz, no encerramento do exercício fiscal, ao relatório de atividades e demonstrações financeiras da entidade, incluídas as certidões negativas de débitos com a Previdência Social e com o Fundo de Garantia do Tempo de Serviço — FGTS, colocando-os à disposição para exame de qualquer cidadão. (BRASIL, 2014)

Observe, caro leitor, que independentemente da obrigatoriedade pela legislação, a regulação do Terceiro Setor tem exigido expressamente que as ONGs atendam às normas contábeis para garantir a realização e o resultado de suas ações de modo claro e transparente. Portanto, não vejo alternativa a não ser conhecer essas normas e garantir que sejam cumpridas regiamente.

Há algum tempo, o Brasil vem trabalhando fortemente na adaptação de seus procedimentos contábeis às normas internacionais de contabilidade a fim de homogeneizar critérios e procedimentos. Nesse sentido, as normas brasileiras foram totalmente revisadas, reeditadas e implantadas numa nova visão globalizada.

Tendo isso em mente, chegou a hora de comentar a versão revisada da norma específica para o Terceiro Setor.

Norma de contabilidade para entidades sem finalidade de lucros

Na esteira da revolução das normas de contabilidade, surgiu a revisão da norma de contabilidade para entidades sem finalidade de lucros: a ITG 2002, aprovada pela Resolução nº 1.409, de 21 de setembro de 2012, emitida pelo Conselho Federal de Contabilidade.

É importante olhar com mais atenção para alguns itens dessa norma — não apenas por sua obrigatoriedade para ONGs como também por trazer questões importantes para a estruturação da contabilidade em uma visão de gestão de projetos.

- *Os registros contábeis devem evidenciar as contas de receitas e despesas, com e sem gratuidade, superávit ou déficit, de forma segregada, identificáveis por tipo de atividade, tais como educação, saúde, assistência social e demais atividades.* Como já vimos inúmeras vezes, a contabilidade de uma entidade deve segregar suas informações por área de atuação e, consequentemente, pelos projetos que a entidade executa.

- *Enquanto não atendidos os requisitos para reconhecimento no resultado, a contrapartida da subvenção, de contribuição para custeio e investimento, bem como de isenção e incentivo fiscal registrados no ativo, deve ser em conta específica do passivo*: este item traz alguma novidade em relação à forma de contabilização que vinha sendo adotada no passado.

Considerando que o recurso vinculado entra na ONG, executa uma atividade social e a sobra é devolvida, a conclusão é clara: não se trata de um recurso próprio, e sim de um recurso de terceiros que passa pela entidade. Sua contabilização é diferente de uma doação espontânea (recurso não vinculado), cuja aplicação depende de uma decisão feita pela diretoria.

Figura 4.2. Fluxo de recursos

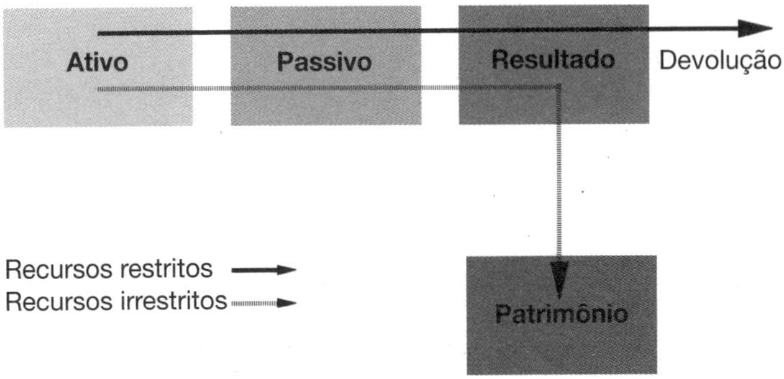

Fonte: elaborado pelo autor.

Observe a Figura 4.2. Nas ONGs, os recursos restritos ou vinculados passam pela contabilidade da organização, as entradas são gastas e geram as saídas, e as sobras são devolvidas, portanto não afetam o resultado, tampouco o patrimônio. O resultado nas ONGs é a diferença aritmética entre as receitas e as despesas relacionadas apenas aos recursos não vinculados ou irrestritos.

- *As receitas decorrentes de doação, contribuição, convênio, parceria, auxílio e subvenção por meio de con-*

vênio, editais, contratos, termos de parceira e outros instrumentos, para aplicação específica, mediante constituição, ou não, de fundos, e as respectivas despesas devem ser registradas em contas próprias, inclusive as patrimoniais, segregadas das demais contas da entidade.

Observa-se que o tratamento do recurso vinculado — o público, por exemplo — deve ser totalmente separado dos demais, não só em receitas e despesas, como também no patrimônio, o que significa ter contas diferentes para ativos e passivos resultantes da utilização dos recursos públicos ou qualquer outro de natureza vinculada. Cabe destacar que, pela sua natureza, as ONGs configuraram um novo modelo de organização e de gerenciamento de recursos.

- *Os registros contábeis devem ser segregados de modo que permitam a apuração das informações para prestação de contas exigidas por entidades governamentais, a portadores, reguladores e usuários em geral.* Este item determina que as prestações de contas de uma ONG devem ser baseadas e fundamentadas na contabilidade. Portanto, uma prestação de contas só é válida se estiver espelhada na contabilidade — e é por essa razão que a segregação de recursos por projetos e/ou investidores sociais que exigem prestação de contas específicas é imprescindível.

  Essa é uma solicitação que parte das ONGs não consegue atender por problemas de estruturação da contabilidade, que não permite visualizar o movimento dos recursos por projetos de maneira eficiente.

- *O trabalho voluntário deve ser reconhecido pelo valor justo da prestação do serviço como se tivesse ocorrido o desembolso financeiro.* Aqui temos algo totalmente novo: a contabilidade deve registrar receita e despesa com trabalho voluntário como se fossem devidas. Esse trecho tem gerado muitas dúvidas nas entidades porque não há um "como" e "quanto" estabelecidos. Assim, entendo que o critério fica de acordo com cada ONG, que deve ser definido pela administração da entidade, ou seja:

- Voluntários — aqueles que trabalham gratuitamente na entidade e que assinaram o termo de adesão ao voluntariado.
- Quantidade — volume, mensal, estimado de horas de dedicação.
- Valor — estimativa de um custo-hora, pode ser baseado em um percentual do salário mínimo ou no custo-hora interno para atividades semelhantes ou no custo-hora de mercado, principalmente para as profissões regulamentadas.

Não se esqueça de citar os critérios na nota explicativa de procedimentos contábeis e colocar um quadro simples sobre os valores apurados e contabilizados.

Como observado nessa análise simples, um ponto fundamental na contabilidade das ONGs é sua estruturação com a visão da movimentação dos recursos por área de atuação e por projetos sociais.

Figura 4.3. Estrutura da contabilidade

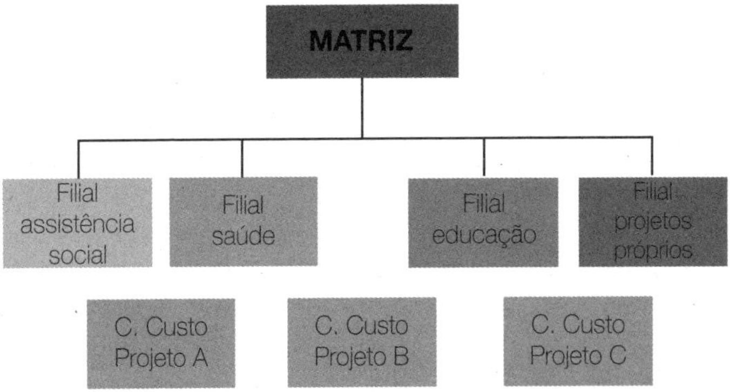

Fonte: elaborado pelo autor.

Na Figura 4.3, observamos a possibilidade de segregar as áreas de atuação da entidade em filiais e, em cada filial, os projetos sociais pertinentes, estabelecendo um centro de custo contábil para cada projeto.

O centro de custos é uma maneira a mais de acumular receitas e despesas através da contabilidade. Em geral, o contador, junto com o gestor da entidade, estabelece o plano de contas — a estrutura de acumulação de recursos por conta contábil. Com os centros de custos, a movimentação de recursos pode ser segregada por áreas da entidade ou por atividade social. Se é estabelecido que cada projeto da ONG corresponderá a um centro de custo na contabilidade, a ação tomada é a estruturação da contabilidade por projetos, o que, além de permitir uma gestão por projetos, fará com que a contabilidade se torne o "espelho" da prestação de contas. Considerando as realizações da legislação e as normas de contabilidade, a gestão estratégica de custos precisa ser consistente com as características organizacionais determinantes da estrutura administrativa, para se tornar capaz de maximizar os recursos aplicados em entidades dessa natureza.

Demonstrações contábeis

O resultado da contabilidade de uma ONG, além dos relatórios gerenciais, é a preparação periódica das demonstrações contábeis, uma das primeiras e principais prestações de contas de uma entidade que deve se tornar pública, a fim de demonstrar as atividades da entidade em determinado período. É isso que a ITG 2002, anteriormente mencionada, especifica:

> As demonstrações contábeis, que devem ser elaboradas pela entidade sem finalidade de lucros, são o Balanço Patrimonial, a Demonstração do Resultado do Período, a Demonstração das Mutações do Patrimônio Líquido, a Demonstração dos Fluxos de Caixa e as Notas Explicativas, conforme previsto na NBC TG 26 ou na Seção 3 da NBC TG 1000, quando aplicável.
> No Balanço Patrimonial, a denominação da conta Capital deve ser substituída por Patrimônio Social, integrante do grupo Patrimônio Líquido. No Balanço Patrimonial e nas Demonstrações do Resultado do Período, das Mutações do Patrimônio Líquido e dos Fluxos de Caixa, as palavras lucro ou prejuízo devem ser substituídas por superávit ou déficit do período.

O aspecto mais importante, nesse caso, é verificar o conjunto das demonstrações contábeis — quais são e como se denominam. É muito comum ouvir de gestores de ONGs e seus contadores que, por tratar-se de uma entidade sem fins lucrativos, apenas o balanço e a demonstração do resultado são peças suficientes como resultado da contabilidade de uma ONG. Ledo engano! Já observamos aqui que as normas de contabilidade exigem o conjunto completo das demonstrações contábeis – ainda que alguma terminologia conhecida nas demonstrações contábeis em geral se modifique para as entidades sem finalidades de lucro.

Em resumo, os pontos fundamentais da contabilidade para uma entidade são:

- planejamento da contabilidade entre gestor e contador;
- estruturação da contabilidade por área de atuação e projetos;
- preparação de revisão do Plano de Contas e estrutura de centros de custos/projetos;
- conciliação dos resultados contábeis com os controles financeiros;
- acompanhamento periódico dos resultados contábeis, utilizando-os como instrumento de gestão;
- auditoria independente nas Demonstrações Contábeis;
- elaboração e divulgação das demonstrações contábeis completas.

Acredito que, com apenas esses passos, gestores e contadores consigam estruturar a contabilidade exigida pelas normas, o que é uma obrigação dos contadores e uma excelente ferramenta de gestão e controle das atividades da ONG.

Ainda que todas essas questões pareçam burocráticas demais ou trabalhosas, os benefícios ao seguir à risca minhas recomendações são inestimáveis, e eu trouxe exemplos de minha experiência que provam isso.

Participei de uma consultoria para uma entidade de pequeno porte que se perdeu na estruturação de processos e responsabilidades. Em resumo, o gestor financeiro foi agregando tantas atividades para si que, em determinado momento, ninguém mais sabia o que estava acontecendo. O resultado é que todos começaram a receber cobranças de fornecedores, algumas delas por meio de cartório de protestos. Um diagnóstico mostrou um emaranhado de atividades do gestor financeiro, muitas delas incompatíveis em termos de controle, e que os gestores de projetos não sabiam o que estava acontecendo com os recursos de seus projetos. Também foram notados atrasos nas prestações de contas, que comprometiam a continuidade dos investimentos sociais.

Não é preciso dizer que o responsável pelo financeiro foi afastado e suas funções foram alocadas em outras áreas como orçamentos, cotações, compras e prestações de contas, que passaram a ser feitas pelos gestores dos projetos. A parte de pagamento e conciliação bancária continuou sendo feita no financeiro.

Definimos, então, que, no início, o grupo gestor deveria se reunir semanalmente até tomar pé da situação. Depois de alcançar esse objetivo, seria possível marcar reuniões mensais para analisar as conciliações bancárias com o departamento de prestações de contas, o resultado contábil e a comparação do orçado com o realizado. Hoje, estão completamente inteirados do que acontece em seus projetos, nos dos outros e na gestão financeira e contábil da ONG.

Como nem todos conhecem todas as técnicas, o segredo foi reuni-los num grupo que troca experiências e aprende junto. Nesse processo de mudanças também foi trocado o contador, e o novo foi avaliado e aprovado pelo grupo. Ele participa de algumas reuniões mensais do grupo durante o ano, principalmente para explicar os resultados contábeis e as eventuais divergências.

Hoje a ONG trabalha com um calendário anual de fechamento mensal, que respeita os prazos para geração das informações contábeis e financeiras. É importante que o auditor também participe em momentos oportunos para acompanhar a evolução da entidade.

Perceba que, com algumas atitudes e técnicas, foi possível montar uma dinâmica de governança de baixo para cima, cujos resultados são reportados em atas para a diretoria e para os conselhos. Há mais interesse na participação desses membros nas reuniões do grupo e mais foco nas suas responsabilidades, uma vez que o dia a dia estará reportado nas atas mensais.

A estrutura de governança deve respeitar o tamanho e o momento da ONG, mas sempre deve buscar o alinhamento de todas as ações a ser realizadas por cada departamento. Sobre os pessimistas que teimam em negar a eficácia desse processo, argumentando que o contador não participa e que a diretoria não ajuda, aqui está um exemplo simples que vem funcionando muito bem e, hoje, é um orgulho dos profissionais participantes.

Outro exemplo de sucesso ocorreu em uma entidade voltada à saúde que, em determinado momento, resolveu construir um prédio onde funcionaria sua sede. A ideia era a de que os andares não utilizados fossem alugados para gerar renda para a ONG. Eles obtiveram alto volume de recursos com o BNDES para o financiamento do empreendimento, mas, como tudo foi feito a partir de um impulso, sem um planejamento adequado, os recursos disponíveis haviam sido esgotados antes mesmo de o projeto ter atingido dois terços de sua totalidade. A carência de empréstimos estava vencendo. Seria obrigatório o início do pagamento das parcelas — e pior: nada estava pronto para ser alugado e gerar renda.

Foi preparado um choque de gestão. Todas as racionalizações possíveis foram feitas (inclusive com a demissão de gestores e funcionários com altos cargos e salários). O principal desafio, porém, era realizar o investimento para pagar o empréstimo. Depois de muito trabalhar a entidade recebeu uma proposta que permitiria pagar o empréstimo e contar com recursos de sobra para reestruturar as operações.

Antes de continuar esse exemplo, vale a pena explorar a questão da gestão financeira. Em geral, as ONGs não sustentáveis não dispõem de recursos para grandes investimentos sem afetar seu capital de giro, principalmente quando se trata de recursos vinculados que, como já vimos, não são da ONG e sim do investidor social, para executar um projeto específico. Dessa maneira, a administração dos recursos é bastante específica e deve ser detalhadamente planejada. O gestor financeiro deve considerar que qualquer recurso desviado do giro para investimentos pode não ser um bom negócio, na medida em que não significará aumento de recursos para a ONG, a não ser num processo de geração de renda.

Numa empresa do Segundo Setor, quando se compra uma máquina — seja com recursos próprios ou de financiamentos —, considera-se que haverá um aumento de produção e, consequentemente, aumento nas vendas e na lucratividade — o que permitirá repor o capital ou pagar o terceiro. Numa ONG, nem sempre essa equação é verdadeira. Com frequência, os recursos investidos em ativos permanentes não promoverão o aumento de arrecadação. Quando os gestores de uma ONG dizem que sonham em ter uma sede própria, normalmente fico assustado. Se a entidade não tem o recurso disponível para outro uso, esse parece um sonho razoável, mas sacrificar o giro ou tomar empréstimos para isso pode ser uma loucura insustentável.

Voltando ao nosso exemplo, após a venda do prédio e o choque de gestão os gestores fizeram uma profunda revisão no planejamento estratégico, considerando uma volta ao passado.

Revisaram a missão, a visão e os valores tendo em conta determinado nível de atividades e a sustentabilidade econômico-financeira como um desafio estratégico. Depois de certo tempo as contas estavam enxutas, as operações foram reduzidas ao mínimo necessário e a estrutura foi totalmente revisada. Hoje, a entidade conseguiu sua sustentabilidade econômico-financeira e executa projetos com recursos próprios e de investidores sociais privados e públicos.

Parte desse sucesso se deve à estrutura de governança que foi montada. O conselho de administração aprova o orçamento da diretoria que foi revisado pelo conselho fiscal. Nesse ponto, graças à clara definição das operações, dos investimentos, dos projetos e das atividades da entidade, acontece uma apuração mensal do balancete da contabilidade, integrado com o sistema financeiro, e são comparados o orçado e o realizado com a explicação de todas as variações significativas. Todo trimestre é feita uma reunião da governança com a presença do conselho de administração, do conselho fiscal, da diretoria, da superintendência, do contador e do auditor, na qual os resultados são apresentados, discutidos e, algumas vezes, revisados em função de alterações operacionais e estratégicas.

A sustentabilidade econômico-financeira depende de um bom diagnóstico, reestruturações, definições estratégicas, implantação de novas rotinas e operações, controles financeiros e contábeis e não nos esqueçamos: a governança para acompanhar e ajustar o processo.

Todo estatuto de ONG deve conter as atribuições e as responsabilidades dos órgãos estatutários por força da legislação. Todas as ONGs têm esse estatuto, mas em muitas a dinâmica é diferente: pouquíssimos integrantes participam das reuniões e assembleias, mas, como existe um quórum mínimo, a ONG sai em busca de assinaturas de membros não participantes. Ainda que essa prática seja ilegal, arriscada e antiética, por vezes acontece. Chamo de assembleia "motoboy", pois preparam os documentos e colocam nas mãos do motoboy para obter as assinaturas. Se pararmos qualquer motoboy na cidade no período de fevereiro a abril, com certeza encontraremos no seu baú documentos de uma ONG para assinatura. Imagine que se trata de uma ONG sem nenhum título ou qualificação que a obrigue a prestar contas públicas. Pergunta-se "Quem analisou e aprovou suas contas?". Resposta: NINGUÉM.

Nesse caso, acho que todos perdem. A ONG, porque não tem seus resultados validados e não existe um processo de melhoria contínua e a dinâmica da governança não funciona. Os administradores, porque assinam no escuro e podem, ocasionalmente, compactuar com transações e procedimentos ilegais. Imagine que, durante um eventual processo, um administrador diga que assinou sem participar? Perde também a sociedade, na medida em que não tem segurança sobre a transparência nas atividades dessa ONG e a tão falada profissionalização fica de lado.

Acredito que devemos pensar muito nisso para não entrar numa barca furada. O momento de prestação de contas, a dinâmica da governança e a integração dos órgãos gestores representam uma oportunidade ímpar de desenvolvimento profissional das ONGs.

5

A concretização dos ideais

O RESULTADO DOS ESFORÇOS

Poucos aspectos têm tanta força quando projetamos um objetivo a ser cumprido do que o espírito comunitário. É ele, afinal de contas, que trouxe a nossa sociedade ao atual estágio de evolução. Sem isso, não seríamos nada.

Imagine só: diversas tarefas dos primórdios da humanidade não seriam realizadas se não houvesse um senso de comunidade ali. Enquanto alguns buscavam a caça e toda a alimentação para seus coabitantes, outros precisavam se preocupar com tarefas diferentes, como construir moradias ou cuidar das crianças.

É imensamente difícil obter prosperidade e realização na vida sem espírito comunitário. Independentemente de aonde você quer chegar, sem levar em consideração o tamanho da sua ambição ou os caminhos que deseja trilhar e seguir, você precisará contar, uma hora ou outra, com outras pessoas. Pessoas que lhe estenderão a mão — e pessoas para as quais você estenderá a mão. A empatia, a vontade de ir além e ajudar os outros resumem a importância do espírito comunitário.

E o que são as ONGs, afinal de contas, além de grandes pessoas que se unem em prol de uma causa maior? É impossível falar dessas entidades sem pensar em espírito comunitário. Esse tipo de trabalho explica, da maneira mais simples, como é possível mudar a vida de outras pessoas e ajudar a sociedade em grupo. E, agora, chegou a hora de discutir como isso afeta, na prática, o dia a dia de uma ONG.

Execução dos projetos

Para a execução dos projetos, estimamos os recursos humanos, os materiais, a infraestrutura etc., que já foram levantados no planejamento e incluídos no orçamento. Nesse instante, devemos ter em mente o que foi planejado e definir os passos a ser seguidos por cada área da ONG. Independentemente da atividade-fim do projeto, temos algumas questões de gestão e controle durante a sua execução: qual o processo de seleção? Devemos fazer algum? Cotação, por exemplo.

A resposta deve estar na legislação específica, se o recurso for público. Caso seja privado, o documento assinado na captação de recursos pode esclarecer, mas prefiro o bom senso e a transparência — considerando que os recursos são de terceiros, sugiro sempre que seja feito algum processo formal de seleção para confirmar que os recursos foram gastos da maneira mais eficiente possível. Acho, aliás, que a ONG deve ter uma norma simples de controle e gasto dos recursos de terceiros. Alguns recursos públicos, como o Termo de Parceria das Oscips, exige a publicação, até trinta dias após a data da assinatura do termo, de uma norma de seleção e contratação de recursos para o projeto.

O artigo 34, da Lei nº 13.019/2014, estabelece como requisito para a celebração de um termo de colaboração ou fomento à existência de um

> VIII. regulamento de compras e contratações, próprio ou de terceiro, aprovado pela administração pública celebrante, em que se estabeleça, no mínimo, a observância dos princípios da legalidade, da moralidade, da boa-fé, da probidade, da impessoalidade, da economicidade, da eficiência, da isonomia, da publicidade, da razoabilidade e do julgamento objetivo e a busca permanente de qualidade e durabilidade. (BRASIL, 2014)

Contratação formal: Diversos são os detalhes para as contratações. Quando se referem a materiais, é fundamental guardar as notas fiscais, separá-las e identificá-las por projeto. Para prestação de serviço, deve-se ter a contratação mediada por contrato, tendo comprovação de que aquela empresa tem no seu contrato social o objeto do serviço a ser prestado e também a nota fiscal específica para o projeto em questão. No caso de recursos humanos, já vi de tudo. CLT por tempo determinado ou indeterminado seria o mais correto. Algumas entidades se aventuram para o Recibo de Pagamento de Autônomos (RPA) ou nota fiscal de Pessoa Jurídica. Dependendo das características, trata-se de uma elisão fiscal e de encargos sociais com altos riscos trabalhistas. Muitos argumentam que fica mais barato — realmente pode ficar, mas a pergunta é: para quem? Investidor social ou ONG? Considerando que estamos falando de recursos vinculados, a sobra deverá ser devolvida, portanto não há nenhuma vantagem para a ONG. Não estou dizendo que, nesse caso, a ONG pode gastar a seu bel-prazer porque, afinal, existe um orçamento a ser cumprido. Fazer economia com tributos ou encargos sociais, porém, pode se tornar um caminho insustentável no futuro.

O que é mais intrigante nesse aspecto é que algumas entidades fazem uma contratação "mais econômica" - burlam impostos ou encargos sociais para reduzir o custo. Imagine tratar-se de recursos públicos — podemos concluir que a ONG captou esses recursos e está incentivando o não pagamento de tributos. Isso não é um absurdo? É importante repetir: uma ONG que tem interesse público e capta recursos da sociedade deve atuar com total transparência, ética e atendimento à legislação.

O pagamento dos recursos contratados deve ser feito apenas com a comprovação do recebimento por parte do gestor do projeto, com base em documento legal e fiscalmente aceito, na conta bancária do projeto e com a identificação do projeto no documento. Além disso, deve haver uma identificação adequada do meio de pagamento que aparecerá no extrato bancário (cópia de cheque, por exemplo) com os documentos suporte da despesa. As contas bancárias devem ser conciliadas diariamente e revisadas pelo gestor responsável.

Mais um exemplo de miopia na estruturação do processo que impacta na prestação de contas ocorreu em uma auditoria de prestação de contas para uma entidade internacional. Observamos que os pagamentos estavam sendo feitos em uma conta bancária geral que incluía não só os do projeto auditado, mas também outras despesas da entidade. O responsável pelo financeiro juntava vários pagamentos em um só cheque sem a identificação dos favorecidos. No momento em que era preciso identificar os pagamentos e os documentos relativos ao projeto, ficou impossível separá-los, pois no extrato bancário tínhamos apenas o número e o valor do cheque, mas não a identificação dos documentos que foram pagos. Assim, foi impossível realizar a auditoria, pois não sabíamos exatamente o que tinha sido pago daquele projeto. O processo interno da ONG deve estar claro o suficiente para que, durante a prestação de contas, conheçamos exatamente quais foram os desembolsos e seus documentos suporte. A conta bancária específica do projeto já é um grande passo, porque sabemos que todo o movimento é daquele projeto, portanto o extrato bancário já é um resumo da prestação de contas. Resta identificar quais são os documentos suporte para cada pagamento.

Transparência e prestação de contas

A vida em sociedade nos permite a fruição de direitos e deveres, e uma das maneiras de fazer valer nossos direitos é conhecer o que o outro vem fazendo e se está de acordo com as regras estabelecidas na sociedade. Por exemplo: caso uma empresa, para auferir seus lucros, degrade o meio ambiente em seu processo produtivo, quer dizer que está levando vantagem em detrimento da sociedade — seu direito está extrapolando o direito da sociedade.

Paralelamente, uma entidade de interesse social que capta recursos da sociedade para resolver problemas de uma comunidade carente deve ter como princípio básico a prestação de contas dos resultados obtidos a essa sociedade que a financia. Do contrário, apesar de ser prestadora de um serviço público, o direito social não está sendo respeitado em sua plenitude.

Nesse contexto, a prestação de contas apresenta-se como um conjugado de elementos e documentos, disponibilizados pelos administradores das ONGs aos órgãos controladores e às autoridades, de modo que permitam a análise, a noção e a avaliação das contas e da gestão dos administradores, segundo as competências de cada órgão e autoridade, na periodicidade colocada no estatuto social ou na lei. A prestação de contas é um meio de assegurar a sobrevivência e a continuação das ações da ONG.

Lucy de Las Casas e Robert Lloyd explicam que, para uma prestação de contas eficaz, é preciso, ainda, pontuar o tratamento equitativo, promovendo a mesma situação de importância entre todos os interessados, sejam as organizações pares, os parceiros, os financiadores, os doadores, os governos, os membros, seja a comunidade, valorizando cada um por suas ações e comprometendo todos com os sucessos ou os possíveis fracassos da entidade, mantendo sua licitude, eficácia e boa reputação.

José Bernardo Toro tem uma visão de que gosto muito sobre a missão do Terceiro Setor. No livro *O papel do Terceiro Setor em sociedades de baixa participação* (*apud* IOSCHPE et al., 1997), ele diz que todas as ações do Terceiro Setor são intervenções sociais que procuram transformar os modos de pensar, atuar ou sentir — e é por meio dessas mudanças que se estabelece o que ele chama de uma "pedagogia social", ou seja: de acordo com cada intervenção, novas culturas são desenvolvidas.

Lisa Jordan, em publicação da *Global Public Policy Institute* (GPPI) (2005), aponta duas categorias que devem ser acolhidas com a prestação de contas. Em primeiro lugar, destacam-se os atores que pedem, solicitam formalmente e ordenam prestação de contas, com mecanismos coercivos, na maioria das vezes grandes financiadores, parceiros e doadores, além do governo — quando é ele o financiador, no caso das organizações sociais brasileiras, por exemplo. A segunda categoria é aquela dos que não ordenam, mas com quem se tem uma dívida ideológica, pois são os que estão na base das organizações: os doadores casuais, os voluntários, o beneficiado, a comunidade abrangida e até a sociedade em geral, por tratar-se, de certo modo, de um serviço público. Os primeiros analisam a efetividade da aplicação dos recursos e suas formas, já os segundos, as populações abrangidas, os doadores eventuais e os voluntários, legitimam a organização e acrescentam um grau de confiabilidade, pois há o desenvolvimento de marketing e comunicação com o público.

Em vista disso, uma das principais maneiras de demonstrar o respeito ao interesse público é a prestação de contas. Cada ator social apresenta o que fez, seus impactos e seus resultados em relação aos interesses da sociedade como um todo. Isso pode parecer muito utópico ou burocrático, mas é a melhor forma encontrada para separar o "joio do trigo" e identificar quem são os reais beneméritos da sociedade e os outros na contramão desse processo.

Por outro lado, não se pode considerar uma tarefa fácil avaliar o desempenho das contas de uma ONG. Enquanto nas empresas o indicador básico de referência é o lucro — mais recentemente ponderado por conceitos de sustentabilidade, torna-se evidente a seguinte questão: nas entidades sem fins lucrativos, a primeira dificuldade é *o que medir*? Se por um lado a questão de eficiência financeira é importante, o resultado social é o mais relevante.

Para medir o desempenho e o resultado social, é preciso ter um planejamento em relação aos objetivos e ao público-alvo que a entidade deseja alcançar baseando-se em sua missão. No Brasil, a experiência mostra que o Terceiro Setor começa a medir seus resultados por indicadores de desempenho relacionados à missão das entidades e ao seu resultado social. Parte das medições, ainda, é tipicamente econômico-financeira, ou seja: quanto de recurso foi captado, em que foi aplicado, quais são os documentos suporte para comprovação dos gastos, qual a movimentação bancária e, eventualmente, a comparação entre o orçado na aprovação do projeto e o real durante a execução.

Com frequência, a mídia veicula notícias sobre ONGs. Muitas delas, se não a maioria, são acusadas pelos noticiários de captação de recursos públicos aplicados de maneira irregular com desvios de finalidade e/ou de benefícios a grupos específicos. O mais interessante é que a notícia surge de um jeito bombástico, porém nunca se sabe o desfecho real da questão. Há algum tempo, todas essas denúncias proporcionaram a abertura de uma Comissão Parlamentar de Inquérito no Senado da República, para analisar o volume de recursos federais aplicados em ONGs em determinado período.

A pergunta pertinente, portanto, deve ser: onde estão as prestações de contas? Que órgãos deveriam analisá-las? Quais foram os resultados? Quem deve ser punido no caso de irregularidades?

No Brasil, o sistema de fiscalização das entidades que visa à desoneração tributária é frequentemente superficial, baseando-se em dados apresentados de forma abstrata, sem que se faça um exame mais concreto da realidade prática. Por causa disso, para salvaguardar os interesses públicos e, consequentemente, os interesses sociais, a interferência da administração perante essas associações deve ser incrementada por meio de seus órgãos competentes, tornando-se imprescindível a severa fiscalização de modo contínuo e direto sobre seus atos, suas prestações de contas e seus reais serviços prestados à coletividade.

O percentual de entidades que prestam contas públicas é muito pequeno em relação ao todo, o que não permite um controle global sobre as atividades do Terceiro Setor no país. Considerando que não há obrigatoriedade de prestação de contas e que falta um controle mais efetivo por parte do poder público e da sociedade, não se cria uma cultura que permita uma avaliação completa dos resultados obtidos com os investimentos e o resultado das atividades sociais da organização.

Por outro lado, os investimentos sociais públicos por meio de convênios com os municípios, os estados e a Federação não exigem as certificações das entidades, o que significa que nem o próprio governo proporciona condições para que as entidades observem a regulação estabelecida por ele próprio. Esse fato cria uma dicotomia muito relevante no processo de prestação de contas do Terceiro Setor no Brasil, pois as entidades que obtêm as certificações, que são a minoria, prestam um grande volume de contas, algumas divulgadas publicamente, enquanto a maioria (mais de 90%) não o faz, a não ser por iniciativa própria.

O ideal seria que todas as entidades, sem exceção, publicassem sua prestação de contas em documento único de acesso livre para todos — desde os estratos do governo até os integrantes das comunidades, sejam elas as beneficiadas pela ONG, sejam outras.

A tendência é imaginar que a prestação de contas se configura em um grande processo burocrático que poderia se tornar difícil de gerenciar. No entanto, ao observar com atenção a realidade dos procedimentos atuais, percebemos que já prestamos contas de várias maneiras, mesmo que nem sempre à sociedade, mas aos órgãos reguladores e tributários.

No caso das entidades componentes do Terceiro Setor, cinco são os grandes grupos de prestação de contas:

- governança — prestação de contas internas aos associados e ao conselho fiscal;
- investidores sociais (públicos e privados) — para cada tipo de recurso obtido ou órgão financiador é exigida uma prestação de contas específica sobre os recursos recebidos e sua aplicação nos projetos sociais;
- órgãos reguladores — a obtenção de certificações de uma entidade estabelece a obrigação de prestação de contas periódica para a manutenção do benefício obtido;
- órgãos tributários — mesmo isenta ou imune de tributos, uma entidade sem fins lucrativos tem uma série de obrigações acessórias perante os órgãos tributários que são também consideradas prestações de contas;
- órgãos fiscalizadores — Receita Federal, Receita Estadual, Receita Municipal, Tribunais de Contas, Controladoria Geral da União etc.

As prestações de contas aos órgãos reguladores substanciam-se por meio de relatórios e procedimentos que as entidades devem cumprir, atendendo aos requisitos dos protagonistas (stakeholders, os investidores — falaremos deles em breve), tendo em vista os seguintes conceitos:

- prestações de contas genéricas — aquelas que cobrem todas as operações da entidade, em geral para atender à governança, à manutenção das certificações e aos órgãos fiscalizadores;
- prestações de contas específicas — aquelas que abrangem um projeto social específico, em geral em função do financiamento por algum investidor social, seja ele público, seja privado.

Considere componentes do processo de prestação de contas os seguintes itens:

- demonstrações contábeis;
- relatórios de atividades/planos de trabalho;
- cópias de documentos formais da entidade;
- balanço social.

A análise das prestações de contas deve considerar fatores como sua eficácia. Fernando Tenório (2001), em seu livro *Gestão das ONGs*, propõe que essa análise seja feita a partir das seguintes hipóteses em relação ao desempenho da ONG, ao trabalho dos gerentes, das equipes e dos indivíduos isoladamente:

- eficaz e eficiente: os objetivos propostos foram atingidos com a menor utilização dos recursos disponíveis;
- eficaz, mas ineficiente: os objetivos foram alcançados, mas com maior consumo de recursos do que o previsto;
- eficiente, mas ineficaz: os recursos foram utilizados conforme o estabelecido, porém os objetivos previstos não foram alcançados;
- ineficaz e ineficiente: os objetivos não foram alcançados e o consumo de recursos ultrapassou o previsto.

O Conselho Federal de Contabilidade define a prestação de contas como

> [...] o conjunto de documentos e informações disponibilizadas pelos dirigentes das entidades aos órgãos interessados e au-

toridades, de forma a possibilitar a apreciação, conhecimento e julgamento das contas e da gestão dos administradores das entidades, segundo as competências de cada órgão e autoridade, na periodicidade estabelecida no estatuto social ou na lei.

Podemos também traduzir e classificar as prestações de contas de um jeito simples. Dê uma olhada na Figura 5.1:

Figura 5.1. Tipos de prestação de contas

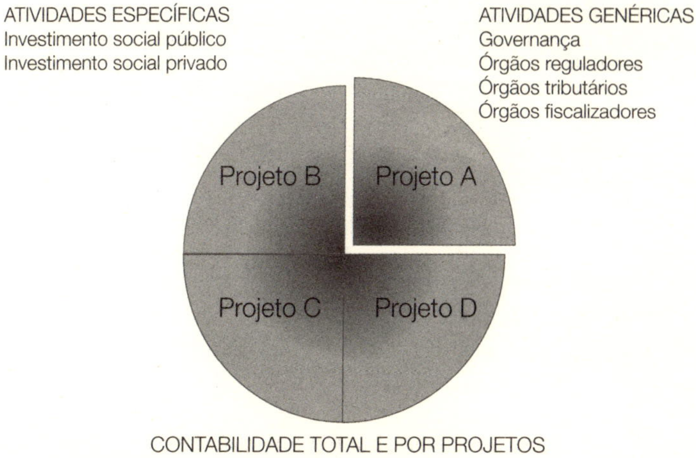

Fonte: elaborada pelo autor.

Observamos dois tipos de prestação de contas: a genérica, que é total e considera todos os resultados a partir dos demonstrativos contábeis, que, a fim de prezar pela transparência, serão encaminhados para a sociedade e para os stakeholders; e as *específicas*, ou seja, a prestação de contas para um projeto que necessariamente deve estar segregado na contabilidade, como visto anteriormente na análise da norma de contabilidade para entidades sem finalidade de lucros.

A Figura 5.2 sintetiza o inter-relacionamento entre as diversas funções do processo de prestação de contas:

Figura 5.2. Processo de prestação de contas

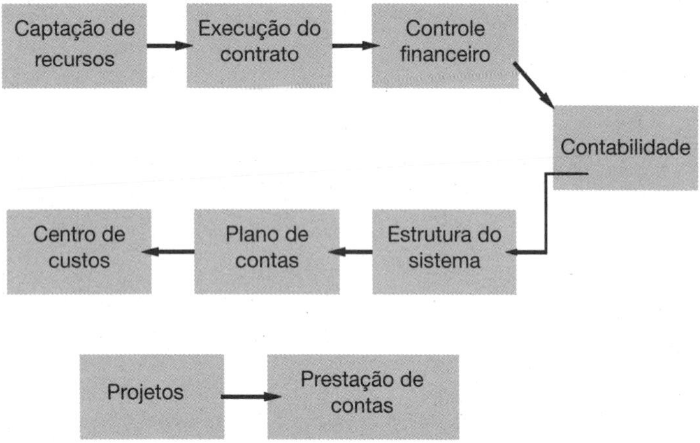

Fonte: elaborada pelo autor.

A prestação de contas não é uma atividade pontual que se executa no fim do projeto, e sim um processo que se inicia antes da captação de recursos e permeia as diversas áreas da entidade. Estas são algumas questões em cada uma dessas funções:

Captação de recursos — Durante o processo, é preciso conhecer quais são as necessidades de prestação de contas, a natureza dos recursos (vinculados ou não vinculados), as obrigatoriedades de controles (conta bancária específica), e assim por diante. Por fim, o documento de captação a ser assinado deve ser revisto por todas as áreas envolvidas (projeto, jurídico, financeiro, contabilidade etc.). Muita atenção quanto aos recursos públicos, à legislação pertinente e às normas dos Tribunais de Contas.

Execução do contrato — A execução do projeto deve obedecer a um planejamento, que se inicia apenas quando os recursos, ou parte deles, tiverem sido recebidos. Os critérios e a forma de contratação dos recursos, sejam eles humanos, sejam materiais, devem estar definidos. Na página 101, item Execução dos Projetos, esse passo está detalhado.

Controle financeiro — O controle financeiro (orçamento e fluxo de caixa) deve acompanhar a natureza dos recursos e individualizá-los no caso de recursos vinculados com uma conta bancária específica. Observe as obrigatoriedades de identificação dos documentos em relação ao projeto e às necessidades do contador para classificação contábil e esteja atento também para a necessidade de conciliação diária do saldo bancário. Você pode rever esses conceitos no Capítulo 4.

Contabilidade — O plano de contas e os centros de custos por projetos devem estar claramente definidos e ajustados com o contador. Todos os custos relativos a esse ou àquele projeto devem estar segregados dos demais. A estrutura de controle deve estar claramente definida. Nota-se, ainda, que resultados apurados pela contabilidade devam ser periodicamente conciliados com o movimento financeiro. Você pode rever o Capítulo 4, no qual esse passo está detalhado.

Prestação de contas — A prestação de contas deve estar suportada nas informações financeiras (extrato bancário) e contábeis (relatório por centro de custo do projeto), e, eventualmente, nos documentos comprobatórios dos desembolsos.

Dessa forma, a prestação de contas estará baseada nos registros contábeis da entidade, que demonstram de forma objetiva e transparente a entrada dos recursos e os gastos realizados para a execução do projeto.

A prestação de contas é uma atividade inerente ao dia a dia da ONG, totalmente integrada com as demais áreas que devem adotar parâmetros e critérios baseados na necessidade de prestação de contas. Minha experiência em consultorias para diversas entidades tem mostrado uma deficiência muito grande nesse aspecto. Veja como esse processo está estruturado na ONG.

Em geral, as ONGs têm uma conta bancária para cada projeto e, quando exigido, um controle financeiro específico. Dessa forma, elas conseguem fazer uma prestação de contas relativamente adequada, até porque os investidores sociais têm acompanhado esse processo, revisando-as. Contudo, ao olharmos para dentro das ONGs, especialmente em seus controles contábeis, "nada bate com nada". Vamos entender o porquê.

A maioria das ONGs tem seus controles financeiros independentes da contabilidade. Não nos esqueçamos de que o departamento financeiro está preocupado com o hoje e o futuro, enquanto a contabilidade registra o acontecido. Os controles financeiros têm sido bem-feitos e conciliados com os bancos. Com base neles são feitas as prestações de contas e, em geral, entregues dentro do prazo.

Em seguida, deve-se juntar o pacote de documentos e enviá-lo para a contabilidade. Infelizmente, os documentos nem sempre espelham com clareza a transação ocorrida, tampouco o projeto relativo àquela transação. A função da contabilidade, porém, é registrar todos os documentos e apurar um balancete — em geral, para cada projeto. É nesse ponto que acontece a grande falha no processo: ninguém concilia o resultado contábil com os controles financeiros. Considerando que esses controles foram base para a prestação de contas, não é difícil imaginar que as contas não baterão com a contabilidade. Quem está correto? Como já falamos, as normas de contabilidade só reconhecem uma prestação de contas válida se apoiada e espelhada na própria contabilidade.

Certa vez fiz um trabalho de consultoria para uma ONG, revendo todos os seus processos de prestação de contas e seus inter-relacionamentos. O produto final foi um regimento interno que estabeleceu o processo, os controles e as responsabilidades na gestão dos recursos vinculados dentro da entidade. Tornou-se um manual de procedimentos utilizado para o controle do processo, o treinamento de novos colaboradores e, principalmente, uma ferramenta de captação de recursos na medida em que mostra ao investidor social, de forma transparente, a forma, o controle e a gestão dos recursos dentro da ONG.

CONCLUSÃO

Todos temos um lugar no mundo. Alguns demoram mais e outros menos para se localizar. O que fazer? Para onde ir? Que decisões tomar? A vida, muitas vezes, assume as rédeas e, quando percebemos, fomos levados. Aí, respiramos e precisamos buscar as próprias saídas para as enrascadas nas quais muitas vezes nos metemos.

Encontrei a minha no Terceiro Setor.

Tropeços existem e não é apesar deles que crescemos, mas por causa deles. Eles se somam, e, se formos espertos o suficiente, nós os transformamos em experiências em nossa vida.

A mesma lógica é aplicada no desafio de gerir e cuidar de uma ONG. Por isso escrevi este livro, para estruturar meus conhecimentos e minhas experiências de modo que você se sinta o mais preparado possível para enfrentar os percalços do caminho que felizmente escolheu seguir. E como eu, tenha a oportunidade de se realizar numa atividade que lhe preencha a alma, a mente e lhe dê condições de viver e evoluir.

Acredito que temos muitas oportunidades e muitos desafios com a evolução do Terceiro Setor no Brasil. Bastam criatividade, ética e respeito à legislação. Nesse cenário, sua participação é primordial.

Tendo em mente os quatro itens a seguir, que facilitarão a implantação de tudo o que vimos, e levando em conta as orientações deste livro, tenho certeza de que você trilhará um caminho mais suave no Terceiro Setor.

Respeite fielmente a legislação e as normas vigentes. É essencial que sua organização siga corretamente as leis, não só pela ética como também por uma questão prática de captação de recursos. Na captação de recursos governamentais, opção cada vez mais comum a diversas entidades, só serão consideradas ONGs que estiverem em acordo com as normas. Não perca oportunidades pelo susto diante da burocracia.

Planeje para conseguir a autossustentabilidade. Planejar os projetos que deseja realizar no ano, quanto de recursos financeiros e humanos necessita para realizá-los e como esses recursos serão usados e distribuídos entre os projetos, além do estudo de todos esses custos para atividades não vinculadas, são reflexões imprescindíveis para que a organização possa efetivar seus objetivos e garantir sua continuidade de modo saudável. De nada adianta uma montanha de ideias e projetos sem que se estruture como serão executados.

Preste contas à sociedade de modo transparente. Quando optou por atuar no Terceiro Setor, você certamente tinha como missão beneficiar de algum modo a sociedade, não importa a área de atuação da ONG. É interessante, então, que essa mesma sociedade a que você se dedica possa ter acesso aos resultados da sua entidade. Portanto, preste contas. Preste contas não somente financeiras, mas também de ganhos sociais. Preste contas não só a doadores e órgãos de que tenha captado recursos, mas aos beneficiados pelos seus projetos, à comunidade em que está inserido — enfim, a todos que desejarem saber quais foram as conquistas da sua entidade naquele ano. Essa prestação de contas pode ser um único documento com acesso aberto para todos. O que importa é que ele exista e que os interessados possam encontrá-lo com facilidade.

Gere conhecimento. Estude, aplique e divulgue seus conhecimentos, sua prática, suas experiências. Só pela implantação do conhecimento e a divulgação dessas práticas é que haverá o aprimoramento do Terceiro Setor, através da profissionalização.

Desse modo, aprenda, experimente o novo — contabilidade, prestação de contas, planejamento, é novo e, muitas vezes, chato, eu sei! — mas tente! Siga em frente. Saiba que o caminho é longo, mas que as recompensas são inestimáveis.

Já falamos antes, mas vale repetir: ninguém chega a lugar nenhum sozinho, sem olhar para o lado, admirar as pessoas à sua volta, reconhecer a importância de cada uma em sua vida e, obviamente, ajudá-las de todas as maneiras que puder.

Eu continuarei minha espiral evolutiva, e espero que você, caro leitor, encontre seu local e seu caminho, em sua espiral.

Sinceramente, se este livro o ajudou de alguma maneira, fico muito grato. Se faltou algum detalhe, e eu puder complementar, estou à disposição.

O importante, leitor, é que você saiba que pode contribuir para o crescimento e a evolução da sociedade em que estamos inseridos, e que esse processo começa com você.

Todo homem tem na terra uma missão, grande ou pequena;
qualquer que ela seja, sempre lhe é dada para o bem;
falseá-la em seu princípio é, pois, falir ao seu desempenho.

O Evangelho Segundo o Espiritismo

ANEXO

Dez passos para começar uma ONG

Para criar uma ONG é importante que você esteja atento a todos os detalhes. Assim, estará verdadeiramente preparado e poderá desenvolver um projeto com base nos recursos essenciais.

A seguir, confira o passo a passo que desenvolvi para que você inicie seu projeto sem se perder em meio a todos os processos fundamentais e ter tudo o que é necessário para criar uma ONG com fortes alicerces.

Passo 1: A ideia

As motivações para criar uma ONG são várias, mas o primeiro insight, a primeira ideia, deve ser analisada depois de responder à seguinte pergunta: Existe um patrimônio inicial? Se a resposta for positiva, o caminho é pensar em uma fundação. Se negativa, uma associação. É importante ter em mente essa definição, pois fundação e associação seguem caminhos jurídicos distintos.

Para relembrar, vamos a um resumo breve desses dois tipos de entidades:

Fundação — Os instituidores devem definir o patrimônio que seja suficiente para as finalidades estatutárias (fins religiosos, morais, culturais ou de assistência) e alinhar seu modelo de gestão ao estabelecido pela legislação. Cabe destacar também que o patrimônio deve ser suficiente para financiar as finalidades estatutárias, ou seja os projetos sociais que a fundação pretende empreender. Na legislação, não existe uma regra para estabelecer um limite de patrimônio a ser vertido para a criação da fundação, mas este deverá ser analisado e aprovado pelo Ministério Público.

Associação — Corresponde à união de pessoas para uma finalidade comum. A ideia deve ser apresentada a todos os possíveis interessados, em geral do círculo social da pessoa ou grupo idealizador. Logo nessa apresentação, divulgam-se os projetos, as quantidades de atendimentos, as possíveis fontes de recursos e também o formato de gestão. Recomendo que se faça uma ata com todos os assuntos discutidos e as decisões tomadas. E os participantes devem ter em mente que será necessário fazer quantas reuniões for preciso até que cheguem ao consenso e à aprovação do planejamento inicial.

A ideia, como visto anteriormente, deve estar alicerçada nas questões de preocupação e relevância sociais. Os líderes e todos os engajados no projeto devem acreditar em sua proposta e no potencial de transformação da sociedade através da cidadania, do voluntariado, do trabalho em prol de todos.

Passo 2: Levantamento de dados

Agora que você definiu se será uma fundação ou uma associação, é hora de pesquisar! O levantamento de dados é fundamental para que saiba exatamente por onde está se aventurando. Através dele, saberá como têm sido as ações já efetivadas por outras entidades e os resultados que elas tiveram na sua área de atuação.

Essas informações serão úteis para conhecer melhor seu nicho e perceber como seu projeto pode melhorar, ampliar e gerar benefícios para aqueles que serão atendidos. Com sua equipe, você deverá destrinchar todas as veias: mídias, pesquisa de campo, conversa com organizações afins, e todos os caminhos que identificar como fontes de informação relevantes.

O objetivo, além de estimar a repercussão, é analisar os modos para captação de recursos, os custos médios de projetos similares, os modelos de gestão, os diferenciais etc. Esse conhecimento é valioso para toda a ONG e todo o projeto em construção, pois a partir dele os envolvidos poderão interagir com a área de atuação da entidade de modo realista, compreendendo suas necessidades e suas especificidades.

Passo 3: Cronograma

Definidas a estratégia macro, ou seja, o planejamento das atividades, as principais fontes de recursos e a área de atuação, é a vez do cronograma. O cronograma deve ser o mais completo possível, incluindo não só a descrição da atividade mas o prazo, os responsáveis, as reuniões necessárias ao longo da elaboração e da finalização das atividades e todas as etapas para que a atividade seja concluída. O cronograma é uma ferramenta essencial para validar a estratégia adotada e monitorar o desempenho da ONG.

Além disso, a gestão deve se organizar de modo que o cronograma seja acompanhado com todo o cuidado, apontando os momentos de atraso, alertando sobre os passos seguintes e analisando a possibilidade de otimizar o planejamento.

É importante que as reuniões periódicas tenham a pauta bem estabelecida para manter o foco das discussões. Nessas reuniões, também deve haver espaço para que os responsáveis comentem suas conclusões, suas sugestões e seus questionamentos quanto ao andamento do cronograma.

A organização é imprescindível para que gestores, líderes e equipe saibam qual o status de cada etapa e possam estar preparados para quaisquer imprevistos que porventura surjam ao longo do caminho.

Passo 4: Startup

A startup é uma estruturação de informações que permite demonstrar o volume de recursos necessários e as suas possíveis fontes de captação.

Como vimos no item das fundações, o Ministério Público analisará e concluirá sobre a adequação dos recursos em relação às finalidades estatutárias. Nas associações, apesar de não obrigatório, considero a startup também extremamente necessária para que o grupo possa concluir sobre a sustentabilidade inicial da ONG.

A startup leva em conta todas as despesas da ONG. É preciso lembrar que alguns gastos serão desembolsados antes que se possa captar qualquer recurso: são os custos iniciais para a formalização da entidade. Esse investimento inicial pode ser chamado de custos de startup. Além disso, teremos os custos fixos para pagamento de despesas não relacionadas aos projetos e, por fim, os custos dos projetos propriamente ditos.

Quanto a planejamento, esses quatro primeiros passos são os essenciais. A minha experiência, porém, sugere que devo chamar sua atenção para o seguinte.

Como vimos ao longo do livro, o que mais tem faltado às

ONGs é o estabelecimento de questões objetivas ao longo do tempo. Raramente vejo a criação formal de um plano com os custos de startup e os custos fixos de manutenção da entidade. E esses custos nunca devem sair da visão dos gestores, pois são valores e informações que devem ser apurados sempre considerando pelo menos o horizonte de um ano, o que dará aos fundadores uma clara ideia dos recursos necessários para a execução dos projetos.

Tenha sempre em mente que o sonho de um projeto tem a extensão exata dos recursos disponíveis para sua execução, ou seja, equalize o sonho à capacidade de captação ou disponibilidade dos recursos. Caso os recursos não sejam suficientes, parte do sonho deve ser postergada, senão você já criará uma ONG insustentável.

Esteja certo de que planejamento não é perda de tempo, mas um estudo detalhado da situação a fim de antecipar problemas e equalizar todos os interesses.

Passo 5: Estatuto social

Agora que você já fez o planejamento com os dados mínimos necessários, o próximo passo é a criação do estatuto social, o principal instrumento de gestão da ONG. Em virtude de sua importância, você deve estar atento a alguns aspectos específicos:

Legislação. Verificar os artigos do Código Civil para cada tipo de entidade: artigos 44 a 61 para as associações e 62 a 69 para as fundações. Ao conhecer a legislação particular, deve-se elaborar e especificar os títulos, os certificados e as qualificações que a ONG pretende ter, pois, de acordo com o caminho a ser escolhido (Oscip, OS ou filantropia – (Cebas), a legislação determinará diferentes cláusulas. Caso o grupo já tenha uma ideia do tipo de registro e qualificação que pretende para a ONG, o estatuto pode conter as cláusulas específicas exigidas pela legislação, senão o estatuto poderá ser modificado e adaptado quando necessário. Para obter mais detalhes sobre os tipos de registros, veja o passo 10.

Denominação, sede e duração. A denominação, ou seja, o nome da entidade, é de escolha do grupo, só não pode ser igual a outra já existente. Lembre-se de que será uma associação ou fundação, portanto, outras denominações serão consideradas como nome fantasia — "Instituto", por exemplo. No caso da sede, a escolha do imóvel deve levar em conta a lei de zoneamento da prefeitura, além de verificar perante o cadastro na Receita Federal os documentos necessários. A da entidade social a ser criada sempre pressupõe prazo indeterminado.

Finalidade. É a definição dos objetivos sociais da futura ONG, que devem estar relacionados com a missão dela — mesmo que escrita de forma preliminar — e serão, de modo geral, a descrição de tudo o que a ONG pretende realizar, incluindo, por exemplo, até as previsões de geração de renda.

Tudo o que planejamos até o momento deve estar previsto no estatuto, pois ele tem como função estabelecer o que pode ser feito na operacionalização das atividades por parte da diretoria. Caso ela promova atividades não previstas, incorrerá em desvio de finalidade, o que pode ser questionado pelos associados. Por isso, evite estabelecer um grande volume de objetivos que possa descaracterizar a entidade e tirar o foco da missão. A ideia é criar objetivos que representem o momento atual; em futuras alterações estatutárias, objetivos podem ser modificados ou eliminados, e mesmo outros podem ser acrescentados.

Classes de associados. O estatuto deve estabelecer as classes de associados, seus direitos e deveres. Assim, são garantidas as atribuições de responsabilidade para as classes corretas. É importante considerar que, como os direitos são diferentes de acordo com as classes de associados, a ONG deve manter um cadastro atualizado dessas classes para conferir os direitos quando estiverem diante das assembleias. Considere, por exemplo, que a ONG terá quatro classes de associados: fundadores, efetivos, colaboradores e beneméritos. Caso apenas os fundadores e os efetivos possam votar e ser votados, a ONG precisa controlar todos os associados em um cadastro para saber quem poderá se candidatar aos cargos de direção e quem poderá votar nas assembleias.

Atenção para uma questão muito importante na definição de direitos diferenciados entre classes de associados: caso o estatuto não seja alterado no futuro e nele esteja definido que só os associados fundadores possuem direito de voto, pode ocorrer uma situação interessante. Imagine que parte dos fundadores tenha desaparecido e a ONG não tenha como formar uma nova diretoria, principalmente se o número de fundadores for pequeno e o estatuto não permitir reeleições. Quero dizer com isso que a definição das classes de associados e de seus direitos deve ser pensada estrategicamente na medida em que não seja totalmente aberta (permitir que qualquer associado novo já assuma cargos de direção), mas também não muito fechada (permitir que apenas os mesmos tenham direito de ser eleitos). É importante organizar as classes de modo misto; permitindo a "oxigenação" da administração, não se perde as experiências antigas e, ao mesmo tempo, são trazidos novos membros com ideias e conceitos atualizados.

Governança. O estatuto deve também estabelecer os órgãos deliberativos, operacionais e de controle da ONG, em geral a assembleia-geral dos associados, a diretoria e o conselho fiscal. Ao elaborar o modelo de governança, a ONG já analisa se será necessário criar órgãos com um grande número de participantes. Com base em minha experiência, afirmo que um grande volume de órgãos e participantes não é garantia de participação dos voluntários, tampouco de facilidades na captação de recursos, e pode até se tornar um problema de quórum nas reuniões e no momento de obter assinaturas nos atos formais. Além disso, o estatuto deve conter a explicitação da não remuneração de diretoria, conselhos e outros órgãos estatutários, assim como a não distribuição de dividendos.

Indicação do representante da ONG em juízo ou fora dele. Aqui, o estatuto estabelecerá quem assinará pela entidade e quem a representará. Os responsáveis devem pensar em controle e logística para obter assinaturas e emitir procurações.

Quanto mais pessoas puderem assinar pela ONG, menor o controle, pois todos podem fazer tudo e ninguém conseguirá controlar e verificar isso. Por outro lado, se apenas um assina pela ONG, ele terá o poder absoluto, o que também não é desejável. O ideal é, portanto, ter sempre duas assinaturas entre os diretores, o que permitirá maior controle e facilidade na logística de assinaturas. Na prática, as ONGs costumam ter problemas com os bancos quando essa representação não está clara no estatuto e quando vence o mandato da diretoria e não é feita tempestivamente a assembleia para eleição dos novos gestores.

Fontes de recursos. Definem-se quais serão as fontes de recursos da ONG que virão do planejamento.

Destino do patrimônio. O estatuto deve conter também uma cláusula em que se explicite o destino do patrimônio no caso de extinção da entidade. Em geral, o patrimônio é encaminhado para outra entidade sem fins lucrativos de mesmo objeto social.

No caso das fundações, segundo o Ato Normativo nº 168 do Ministério Público do Estado de São Paulo, o estatuto deve conter (considere como exemplo a definição para o estado de São Paulo, mas para outros estados a legislação específica deve ser consultada):

- nome e qualificação do instituidor;
- forma de constituição;
- prazo de duração da fundação, se constituída por prazo determinado;
- patrimônio com previsão de sistema de acréscimo;
- organização e administração: órgão executivo, deliberativo e de controle interno, fixação dos prazos de mandatos, forma de convocação, escolha e quórum para deliberações;
- fixação do exercício financeiro;
- indicação do representante da fundação em juízo ou fora dele;
- prazos de alteração do estatuto;
- condições de extinção da fundação e destino do patrimônio;
- cláusula de responsabilidade dos administradores.

Ao elaborar o primeiro estatuto, é importante procurar simplicidade, objetividade e adequação à proposta da entidade que está nascendo, obedecendo à legislação vigente e cuidando para evitar cláusulas que não terão impacto ou representatividade para a entidade, pois o objetivo do estatuto é que ele seja o documento norteador para as decisões e o objeto com todas as práticas a ser cumpridas.

Considere também que caso a estratégia da ONG preveja a captação de recursos públicos, o estatuto deverá conter alguns requisitos específicos já mencionados ao longo deste livro.

Vamos, agora, a algumas questões de ordem prática:

Tenho visto estatutos de entidades iniciantes com vários conselhos, a obrigatoriedade de um regimento interno, uma auditoria externa e uma série de outras questões que não são obrigatórias, mas por força do estatuto passam a ser. Por isso, coloque no estatuto o mínimo necessário e incremente-o, ao longo do tempo, conforme a necessidade e a evolução da entidade. Considere que um primeiro estatuto com muitas obrigações fará com que os administradores executem tarefas talvez desnecessárias naquele momento, que ocuparão um tempo importante para questões mais objetivas. Pense sempre: se for obrigatório, coloque; se for facultativo, reflita melhor. Como costumo dizer, não transforme seu estatuto na corda para o seu enforcamento. Mantenha as atividades facultativas fora do documento, permitindo, assim, que elas sejam executadas quando, e se, forem necessárias.

E, como grande conselho, muito cuidado com o "copiar" e "colar". É fundamental revisar tudo o que está sendo colocado no estatuto para que as alterações específicas conforme as necessidades da ONG sejam feitas.

Passo 6: Assembleia de fundação

Este é um momento singular na criação da ONG. Todos os fundadores devem se reunir para formalizar os atos de fundação, o que inclui aprovar o estatuto, eleger a primeira diretoria para a gestão da entidade, os membros de cada órgão etc. A assembleia gerará uma ata com as decisões e uma lista de presença dos associados fundadores.

Por que esse passo é tão importante? Porque é o momento em que a entidade passa de fato a existir, o planejamento e todas as questões fundamentais para o início das atividades foram resolvidos e todos estão prontos para efetivamente colocar a missão da ONG em prática na sociedade. A assembleia de fundação representa assumir a responsabilidade e a participação entre todos os engajados na construção do projeto social.

Passo 7: Registro no cartório

Os documentos aprovados na assembleia, o estatuto, a ata de fundação com a eleição da diretoria e do conselho fiscal e a lista de presença, junto com o requerimento ao cartório, devem ser levados a registro no Cartório de Registro Civil de Pessoas Jurídicas. Esse órgão cuida dos registros dos atos constitutivos e dos contratos societários das pessoas jurídicas não comerciais ou industriais, como sociedades civis, religiosas, científicas, literárias, fundações, associações de utilidade pública, partidos políticos, empresas de radiodifusão, agências de notícias e oficinas impressoras.

Caso o cartório peça que alguma informação seja revista, você receberá um prazo para realizar os ajustes e, então, quando tudo estiver liberado por eles, será realizado o registro final do estatuto e da ata de fundação.

Ao fim desse passo, temos uma ONG legalmente constituída. Agora, cuidemos da parte tributária.

Passo 8: Cadastro Nacional de Pessoa Jurídica (CNPJ)

O CNPJ compreende as informações cadastrais de entidades de interesse das administrações tributárias da União, dos Estados, do Distrito Federal e dos Municípios.

Assim que as entidades são constituídas perante o Cartório de Registro de Pessoas Jurídicas, elas devem se inscrever no CNPJ do Ministério da Fazenda e na prefeitura do município de sua sede. Ao regularizar-se, as entidades passam a ser condicionadas como contribuintes de tributos fiscais.

Caso ainda não tenha sido contratado um contador, este é um momento importante para tomar essa decisão, não só para participar da obtenção do CNPJ como também para iniciar o processo contábil, pois, após o CNPJ, a ONG passa a ter uma série de obrigações acessórias[7] com a Receita Federal que, caso não cumpridas no prazo legal, podem acarretar multas e impossibilidade de obter certidões negativas, o que complica o processo de captação de recursos, principalmente aqueles de natureza pública.

Informações como data de abertura, nome da entidade, nome fantasia (se houver), código e descrição da atividade eco-

[7] Tipos de obrigações acessórias: DIRF, DCTF, DACON, DIPJ, Sped Contábil, E-Social etc.

nômica principal (CNAE), código e descrição da natureza jurídica, código e descrição das atividades econômicas secundárias (se houver), endereço e situação cadastral do contribuinte são expressas através do CNPJ.

O responsável pela obtenção do CNPJ deverá preencher um cadastro através do Programa Gerador de Documentos do CNPJ, e enviá-lo exclusivamente pela internet através do Receitanet. Quando estiver fazendo o cadastro, esteja atento ao CNAE: essa informação define a natureza de entidade sem fins lucrativos perante a Receita Federal e, além disso, será muito importante na definição de uma entidade de educação, saúde ou assistência social para a obtenção do Cebas, tratada no passo 10.

Para fazer o cadastro são necessários os seguintes documentos: original do Documento Básico de Entrada (DBE) do CNPJ ou protocolo de transmissão da Ficha Cadastral da Pessoa Jurídica (FCPJ), acompanhado no caso de inscrição de sociedade e do Quadro de Sócios ou Administradores (QSA).

Encontre os endereços das unidades cadastradoras no âmbito da Receita Federal do Brasil no site: <http://www.receita.fazenda.gov.br>.

Passo 9: Cadastro de Contribuintes Mobiliários (CCM)

O CCM é um registro feito pela Secretaria de Finanças do município onde a entidade está registrada. No município de São Paulo, por exemplo, todos os contribuintes de tributos mobiliários, ou seja, todas as pessoas jurídicas e físicas que exercem uma atividade econômica como trabalho pessoal (profissional autônomo), estão obrigados a fazer esse registro, bem como a informar o encerramento de suas atividades ou qualquer atualização ocorrida em seus dados cadastrais no prazo de trinta dias após o início ou o encerramento de suas atividades.

Cada município tem sua legislação para o registro no CCM, por isso é importante verificar o que está em vigor no município que será a sede de sua entidade. No caso das entidades registradas na cidade de São Paulo, a inscrição deve ser feita pela internet. Todas as informações estão disponíveis no site: <htp://www.prefeitura.sp.gov.br>.

Esse também pode ser um trabalho do contador que normalmente está habilitado e conhece os trâmites burocráticos.

Cabe aos diretores o acompanhamento do processo e a certeza de que o registro está sendo feito de acordo com as características de uma entidade sem fins lucrativos.

Com o CCM, temos uma entidade sem fins lucrativos legal e tributariamente constituída como qualquer outra pessoa jurídica no Brasil. Portanto, a ONG já pode abrir sua conta bancária e emitir recibos de comprovante de doação legal e tributariamente válidos. Contudo, para efeitos de captação de recursos, incentivos fiscais e isenções tributárias inerentes ao Terceiro Setor, o caminho de títulos, registros e qualificações continua. E é disso que tratarei no próximo e último passo essencial para o nascimento de uma ONG.

Passo 10: Títulos, registros e qualificações

Neste passo, trataremos dos pontos específicos quanto às diversas possibilidades de títulos, registros e qualificações disponíveis para as ONGs. Considero essas informações de extrema relevância para que a estrutura da entidade e seu funcionamento estejam plenamente alinhados aos mecanismos legislativos disponíveis, facilitando as isenções fiscais e a captação de recursos.

Título de Utilidade Pública Federal (UPF)

BASE LEGAL: Lei nº 91/1935, Decreto nº 50.517/1961 e Decreto nº 3.415/2000

CONCEITO: é a declaração outorgada pelo Ministério da Justiça à entidade que desenvolve atividades úteis ao público, de relevante valor social, realiza o bem em prol da coletividade e cumpre os requisitos legais para fazer jus a essa titulação.

FINALIDADES DA ONG: promoção da educação ou exercer atividades de pesquisas científicas, de cultura, inclusive artística, ou filantrópica.

QUEM PODE REQUERER: ONGs que tenham o fim exclusivo de servir desinteressadamente à coletividade.

REQUISITOS:

- ter personalidade jurídica;
- ser constituída no país;
- estar em efetivo e contínuo funcionamento por pelo menos três anos;

- não distribuir lucros, bonificações ou vantagens a dirigentes, mantenedores ou associados, sob nenhuma forma;
- não remunerar seus dirigentes;
- comprovar idoneidade dos diretores;
- promover a educação ou exercer atividades de pesquisa científica, artísticas, filantrópicas ou de cultura;
- publicar anualmente a demonstração de receitas e despesas do período anterior.

BENEFÍCIOS:

- possibilidade de receber doações de empresas, dedutíveis até o limite de 2% do lucro operacional (Lei nº 9.249/1995, art. 13, § 2º, III);
- acesso a subvenções e auxílios da União Federal e suas autarquias;
- possibilidade de receber bens apreendidos, abandonados ou disponíveis, administrados pela Secretaria da Receita Federal (Portaria MF nº 100, art. 2º, IV);
- autorização para realizar sorteios (Lei nº 5.768/1971 e Portaria MJ nº 1.285/1997);
- possibilidade de receber bens móveis considerados irrecuperáveis;
- receber receitas das loterias federais.

SITE: <http://www.mj.gov.br>.

Título de Organização Social (OS)

BASE LEGAL: Lei nº 9.637/1998

CONCEITO: é um tipo de qualificação das entidades que lhes permite absorver atividades dirigidas ao ensino, à pesquisa científica, ao desenvolvimento tecnológico, à proteção e à preservação do meio ambiente, à cultura e à saúde, até então desempenhadas pelo poder público.

REQUISITOS:

- não ter finalidade lucrativa, e todo e qualquer legado ou doação recebida deve ser incorporado ao seu patrimônio; de igual modo, os excedentes financeiros decorrentes de suas atividades;
- ter finalidade social em qualquer das áreas previstas na lei: ensino, saúde, cultura, ciência, tecnologia e meio ambiente;
- possuir órgãos diretivos colegiados, com a participação

de representantes do poder público e da comunidade;
- ter publicidade de seus atos;
- ter submissão ao controle do Tribunal de Contas dos recursos oficiais recebidos;
- celebrar contrato de gestão com o poder público.

BENEFÍCIOS:
- podem receber recursos orçamentários e bens públicos, o que permite à organização administrar serviços, instalações e equipamentos públicos;
- essa qualificação é pré-requisito para celebrar, junto com o governo, o contrato de gestão (instrumento jurídico firmado entre o poder público e a OS, no qual ficam estabelecidas atribuições, responsabilidades e obrigações das partes).

Sobre o contrato de gestão

Os princípios e os preceitos que devem ser observados na elaboração do contrato de gestão são:

- legalidade, impessoalidade, moralidade, publicidade e economicidade;
- especificação do programa de trabalho proposto pela OS, a estipulação das metas a ser atingidas e os respectivos prazos de execução;
- indicadores de qualidade e produtividade;
- definição de limites e critérios para despesa com remuneração e vantagens de qualquer natureza a ser transferidas aos dirigentes e aos empregados da organização social.

NOTA: embora exista uma lei federal sobre OS, alguns estados e municípios têm lei específica em relação a essa categoria. Portanto, a qualificação como OS deve ser analisada nos três níveis da federação: Governo Federal, Estadual e Municipal.

Qualificação como Oscip

BASE LEGAL: Lei nº 9.790/1999.

CONCEITO: é a qualificação outorgada pelo Ministério da Justiça às entidades que tenham a finalidade de desenvolver uma das seguintes atividades: promoção da assistência social; promoção da cultura, defesa e conservação do patrimônio histórico e artístico; promoção gratuita da educação; promoção gratuita da saúde; promoção da segurança alimentar e nutricional; defesa, preservação e conservação do meio ambiente e promoção do desenvolvimento sustentável; promoção do voluntariado; promoção do desenvolvimento econômico e social e combate à pobreza; experimentação, não lucrativa, de novos modelos socioprodutivos e de sistemas alternativos de produção, comércio, emprego e crédito; promoção de direitos estabelecidos, construção de novos direitos e assessoria jurídica gratuita de interesse suplementar; promoção da ética, da paz, da cidadania, dos direitos humanos, da democracia e de outros valores universais; estudos e pesquisas, desenvolvimento de tecnologias alternativas, produção e divulgação de informações e conhecimentos técnicos e científicos.

REQUISITOS:

- observação dos princípios da legalidade, impessoalidade, moralidade, publicidade, economicidade e da eficiência;
- adoção de prática de gestão administrativa, necessária e suficiente para coibir a obtenção, de benefícios ou vantagens pessoais, em decorrência da participação no respectivo processo decisório;
- constituição de conselho fiscal ou órgão equivalente, dotado de competência para opinar sobre os relatórios de desempenho financeiro e contábil, e sobre as operações patrimoniais realizadas, emitindo pareceres para os organismos superiores da entidade;
- previsão de que, na hipótese de a pessoa jurídica perder a qualificação, o respectivo acervo patrimonial disponível, adquirido com recursos públicos durante o período que perdurou aquela qualificação, será transferido a outra pessoa jurídica qualificada nos termos da Lei nº 9.790/1999, preferencialmente que tenha o mesmo objeto social;
- possibilidade de instituir remuneração para os dirigentes da entidade que atuem efetivamente na gestão execu-

tiva e para aqueles que a ela prestam serviços específicos, respeitados, em ambos os valores praticados pelo mercado, na região correspondente a sua área de atuação;

- normas de prestação de contas que observem os princípios fundamentais de contabilidade e das Normas Brasileiras de Contabilidade;
- normas de prestação de contas que determinem a publicidade, por qualquer meio eficaz, no encerramento do exercício fiscal, ao relatório de atividades e das demonstrações financeiras da entidade, incluindo as certidões negativas de débitos com o INSS e o FGTS, colocando-as à disposição para exame de qualquer cidadão;
- normas de prestação de contas que determine a realização de auditoria, inclusive por auditores externos independentes, se for o caso, da aplicação de eventuais recursos objeto do termo de parceria conforme previsto em regulamento;
- normas de prestação de contas que determinem que a prestação de contas de todos os recursos e bens de origem pública recebidos pelas Oscip será feita conforme o parágrafo único do art. 70 da Constituição Federal.

BENEFÍCIOS:

- dedutibilidade do Imposto de Renda das pessoas jurídicas (lucro real, 2% do lucro operacional), nos mesmos moldes da Utilidade Pública Federal;
- possibilidade de remuneração de dirigentes sem a perda do benefício fiscal;
- celebração de Termos de Parceria com o poder público;
- possibilidade de receber bens móveis considerados irrecuperáveis;
- possibilidade de receber bens apreendidos, abandonados ou disponíveis, administrados pela SRF;
- possibilidade de atuar no ramo de microcrédito, com taxas de juros de mercado (até 12% a.a.).

SITE: <http://www.mj.gov.br>

REGISTROS

Certificado de Entidade Beneficente de Assistência Social (Cebas)

BASE LEGAL: Lei nº 12.101/2009, alterada pela Lei nº 12.868/2013, e Decreto nº 8.242/2014 que regulamenta a Lei nº 12.101/2009.

CONCEITO: a certificação das entidades beneficentes de assistência social e a isenção de contribuições para a seguridade social serão concedidas às pessoas jurídicas de direito privado, sem fins lucrativos, reconhecidas como entidades beneficentes de assistência social com a finalidade de prestar serviços nas áreas de assistência social, saúde ou educação e que atendam ao disposto na Lei nº 12.101/2009 e na Lei nº 12.868/2013.

Como este é um dos certificados mais vantajosos para a entidade, a seguir estão detalhadas as três esferas de serviço que podem apropriar-se dessa certificação:

Educação*

Art. 13 Para fins de concessão ou renovação da certificação, a entidade de educação que atua nas diferentes etapas e modalidades da educação básica, regular e presencial, deverá:

I. demonstrar sua adequação às diretrizes e metas estabelecidas no Plano Nacional de Educação (PNE), na forma do art. 214 da Constituição Federal;

II. atender a padrões mínimos de qualidade, aferidos pelos processos de avaliação conduzidos pelo Ministério da Educação; e

III. conceder anualmente bolsas de estudo na proporção de 1 (uma) bolsa de estudo integral para cada 5 (cinco) alunos pagantes.

§ 1º Para o cumprimento da proporção descrita no inciso III, a entidade poderá oferecer bolsas de estudo parciais, observadas as seguintes condições:

I. no mínimo, 1 (uma) bolsa de estudo integral para cada 9 (nove) alunos pagantes; e

II. bolsas de estudo parciais de 50% (cinquenta por cento), quando necessário para o alcance do número mínimo exigido, conforme definido em regulamento;

§ 2º Será facultado à entidade substituir até 25% da quantidade das bolsas de estudo por benefícios complemen-

tares, concedidos aos alunos matriculados cuja renda familiar mensal per capita não exceda o valor de um salário mínimo e meio, como transporte, uniforme, material didático, moradia, alimentação e outros benefícios, ações e serviços definidos em ato do ministro de Estado da Educação em regulamento.
Admite-se o cumprimento do percentual com projetos e atividades para a garantia da educação em tempo integral para alunos matriculados na educação básica em escolas públicas, desde que em articulação com as respectivas instituições públicas de ensino, na forma definida pelo Ministério da Educação.

Para fins do cumprimento da proporção de bolsas a entidade poderá:

I. cada bolsa de estudo integral concedida a aluno com deficiência, assim declarado ao Censo da Educação Básica, equivalerá a 1,2 (um inteiro e dois décimos) do valor da bolsa de estudo integral; e
II. cada bolsa de estudo integral concedida a aluno matriculado na educação básica em tempo integral equivalerá a 1,4 (um inteiro e quatro décimos) do valor da bolsa de estudo integral;
§ 6° Considera-se para fins do disposto nos §§ 3° e 4° educação básica em tempo integral a jornada escolar com duração igual ou superior a 7 (sete) horas diárias, durante todo o período letivo, e compreende tanto o tempo em que o aluno permanece na escola como aquele em que exerce atividades escolares em outros espaços educacionais, conforme definido pelo Ministério da Educação.
§ 7° As entidades de educação que prestam serviços integralmente gratuitos deverão garantir a observância da proporção de, no mínimo, 1 (um) aluno cuja renda familiar mensal per capita não exceda o valor de um salário mínimo e meio para cada 5 (cinco) alunos matriculados.
Art. 13 Para fins de concessão e de renovação da certificação, as entidades que atuam na educação superior e que aderiram ao Programa Universidade para Todos (Prouni), na forma do caput do art. 11 da Lei 11.096, de 13 de janeiro de 2005, deverão atender às condições previstas nos incisos e nos §§ 1°, 2° e 7° do art. 13 desta Lei.

§ 1º As entidades que atuam concomitantemente no nível de educação superior e que tenham aderido ao Prouni e no de educação básica estão obrigadas a cumprir os requisitos exigidos no art. 13, para cada nível de educação, inclusive quanto à complementação eventual da gratuidade por meio da concessão de bolsas de estudo parciais de 50% (cinquenta por cento) e de benefícios complementares, conforme previsto nos §§ 1º e 2º do art. 13.
Somente serão aceitas no âmbito da educação superior bolsas de estudo vinculadas ao Prouni, salvo as bolsas integrais ou parciais de 50% (cinquenta por cento) para pós-graduação *stricto sensu*.
Excepcionalmente, serão aceitas como gratuidade, no âmbito da educação superior, as bolsas de estudo integrais ou parciais de 50% (cinquenta por cento) oferecidas fora do Prouni aos alunos enquadrados nos arts. 14 e 15, desde que a entidade tenha cumprido a proporção de uma bolsa de estudo integral para cada 9 (nove) alunos pagantes no Prouni e que tenha ofertado bolsas no âmbito do Prouni que não tenham sido preenchidas.
§ 1º Para os fins do disposto neste item, somente serão computadas as bolsas concedidas em cursos de graduação ou sequencial de formação específica regulares, além das bolsas para pós-graduação *stricto sensu*.
Para os fins da concessão da certificação, as entidades que atuam na educação superior e que não tenham aderido ao Prouni na forma do art. 10 da Lei nº 11.096, de 13 de janeiro de 2005, deverão:
I. atender ao disposto nos incisos I e II do *caput* do art. 13; e
II. conceder anualmente bolsas de estudo na proporção de 1 (uma) bolsa de estudo integral para cada quatro alunos pagantes.
Para o cumprimento da proporção descrita no item II, a entidade poderá oferecer bolsas de estudo parciais, desde que conceda:
I. no mínimo, 1 (uma) bolsa de estudo integral para cada 9 (nove) alunos pagantes; e
II. bolsas de estudo parciais de 50% (cinquenta por cento), quando necessário para o alcance do número mínimo exigido, conforme definido em regulamento.
§ 2º Será facultado à entidade que atue na educação superior substituir até 25% (vinte e cinco por cento) das bolsas de estudo definidas por benefícios complementares, concedidos

aos alunos matriculados cuja renda familiar mensal *per capita* não exceda o valor de um salário-mínimo e meio, como transporte, uniforme, material didático, moradia, alimentação e outros benefícios definidos em regulamento.
Sem prejuízo da proporção definida no inciso II do *caput*, a entidade de educação deverá ofertar, em cada uma de suas instituições de ensino superior, no mínimo, 1 (uma) bolsa integral para cada 25 (vinte e cinco) alunos pagantes.
§ 4° A entidade deverá ofertar bolsa integral em todos os cursos de todas as instituições de ensino superior por ela mantidos.
§ 5° As entidades que atuam concomitantemente na educação superior e na educação básica são obrigadas a cumprir os requisitos exigidos no art. 13 e neste artigo de maneira segregada, por nível de educação, inclusive quanto à eventual complementação da gratuidade por meio da concessão de bolsas de estudo parciais de 50% (cinquenta por cento) e de benefícios complementares.
§ 6° Para os fins do disposto neste artigo, somente serão computadas as bolsas concedidas em cursos de graduação ou sequencial de formação específica regulares.
Art. 13-C Consideram-se alunos pagantes, para fins de aplicação das proporções previstas nos arts. 13, 13-A e 13-B, o total de alunos que não possuem bolsas de estudo integrais.
§ 1° Na aplicação das proporções previstas nos arts.13-A e13-B, serão considerados os alunos pagantes matriculados em cursos de graduação ou sequencial de formação específica regulares.
§ 2° Não se consideram alunos pagantes os inadimplentes por período superior a noventa dias, cujas matrículas tenham sido recusadas no período letivo imediatamente subsequente ao inadimplemento, conforme definido em regulamento.
Art. 14 Para os efeitos desta Lei, a bolsa de estudo refere-se às semestralidades ou anuidades escolares fixadas na forma da lei, vedada a cobrança de taxa de matrícula e de custeio de material didático.
§ 1° A bolsa de estudo integral será concedida a aluno cuja renda familiar mensal per capita não exceda o valor de 1/2 (um e meio) salário mínimo.

§ 2° A bolsa de estudo parcial será concedida a aluno cuja renda familiar mensal per capita não exceda o valor de três salários mínimos.
Para fins da certificação a que se refere esta Lei, o aluno a ser beneficiado será pré-selecionado pelo perfil socioeconômico e, cumulativamente, por outros critérios definidos pelo Ministério da Educação.
§ 1° Os alunos beneficiários das bolsas de estudo de que trata esta Lei ou seus pais ou responsáveis, quando for o caso, respondem legalmente pela veracidade e autenticidade das informações socioeconômicas por eles prestadas.
As bolsas de pós-graduação *stricto sensu* poderão integrar o percentual de acréscimo de compensação de 20% (vinte por cento), desde que se refiram a áreas de formação definidas pelo Ministério da Educação.

Para uma análise mais detalhada dos critérios, documentos necessários e procedimentos, o leitor deverá acessar o link <http://www.cebas.mec.gov.br>.

Assistência social*

Os principais critérios para certificação de entidades de assistência social baseados na lei 12.101/2009, já alterados pela Lei nº 12.868/2013 são:

A certificação ou sua renovação será concedida à entidade de assistência social que presta serviços ou realiza ações socioassistenciais, de forma gratuita, continuada e planejada, para os usuários e para quem deles necessitar, sem discriminação, observada a Lei nº 8.742, de 7 de dezembro de 1993.
Consideram-se entidades de assistência social aquelas que prestam, sem fins lucrativos, atendimento e assessoramento aos beneficiários abrangidos pela Lei nº 8.742, de 7 de dezembro de 1993, e as que atuam na defesa e garantia de seus direitos.
Também são consideradas entidades de assistência social:
I. as que prestam serviços ou ações socioassistenciais, sem qualquer exigência de contraprestação dos usuários, com o objetivo de habilitação e reabilitação da pessoa com deficiência e de promoção da sua inclusão à vida comunitária, no enfrentamento dos limites existentes para as pessoas com

deficiência, de forma articulada ou não com ações educacionais ou de saúde;
II. as de que trata o inciso II do art. 430 da Consolidação das Leis do Trabalho (CLT), aprovada pelo Decreto-Lei nº 5.452, de 1° de maio de 1943, desde que os programas de aprendizagem de adolescentes, de jovens ou de pessoas com deficiência sejam prestados com a finalidade de promover a integração ao mercado de trabalho, nos termos da Lei nº 8.742, de 7 de dezembro de 1993, observadas as ações protetivas previstas na Lei nº 8.069, de 13 de julho de 1990; e
III. as que realizam serviço de acolhimento institucional provisório de pessoas e de seus acompanhantes, que estejam em trânsito e sem condições de autossustento, durante o tratamento de doenças graves fora da localidade de residência, observada a Lei nº 8.742, de 7 de dezembro de 1993.
§ 4° As entidades certificadas como de assistência social terão prioridade na celebração de convênios, contratos ou instrumentos congêneres com o poder público para a execução de programas, projetos e ações de assistência social.
Art. 19 Constituem ainda requisitos para a certificação de uma entidade de assistência social:
I. estar inscrita no respectivo Conselho Municipal de Assistência Social ou no Conselho de Assistência Social do Distrito Federal, conforme o caso, nos termos do art. 9° da Lei 8.742, de 7 de dezembro de 1993; e
II. integrar o cadastro nacional de entidades e organizações de assistência social de que trata o inciso XI do art. 19 da Lei nº 8.742, de 7 de dezembro de 1993.

Cabe ressaltar que para a ONG obter o cadastro nos Conselhos Municipais, além de uma série de documentos, seus projetos deverão estar escritos de acordo com a Resolução 109 do CNAS – Conselho Nacional de Assistência Social de 11 de novembro de 2009.

§ 1° Quando a entidade de assistência social atuar em mais de um Município ou Estado ou em quaisquer destes e no Distrito Federal, deverá inscrever suas atividades no Conselho de Assistência Social do respectivo Município de atuação ou do Distrito Federal, mediante a apresentação de seu plano ou relatório de atividades e do comprovante de inscrição no Conselho

de sua sede ou de onde desenvolva suas principais atividades. Quando não houver Conselho de Assistência Social no Município, as entidades de assistência social dever-se-ão inscrever nos respectivos Conselhos Estaduais.
A comprovação do vínculo da entidade de assistência social à rede socioassistencial privada no âmbito do SUAS (Sistema Único de Assistência Social) é condição suficiente para a concessão da certificação, no prazo e na forma a serem definidos em regulamento.

Para uma análise mais detalhada dos critérios, documentos necessários e procedimentos, o leitor deverá acessar o link <http://www.mds.gov.br> no link certificação de entidades.
* Redação dada pela Lei nº 12.868 de 2013.

Saúde*

Os principais critérios para certificação de entidades de saúde baseados na Lei nº 12.101/2009, já alterados pela Lei nº 12.868/2013 são:

Para ser considerada beneficente e fazer jus à certificação, a entidade de saúde deverá, nos termos do regulamento:
I. celebrar contrato, convênio ou instrumento congênere com o gestor do SUS;
II. ofertar a prestação de seus serviços ao SUS no percentual mínimo de 60% (sessenta por cento);
III. comprovar, anualmente, da forma regulamentada pelo Ministério da Saúde, a prestação dos serviços de que trata o item II, com base nas internações e nos atendimentos ambulatoriais realizados. (Redação dada pela Lei nº 12.453, de 2011)
O atendimento do percentual mínimo de que trata o item II pode ser individualizado por estabelecimento ou pelo conjunto de estabelecimentos de saúde da pessoa jurídica, desde que não abranja outra entidade com personalidade jurídica própria que seja por ela mantida.
A entidade de saúde que aderir a programas e estratégias prioritárias definidas pelo Ministério da Saúde fará jus a índice percentual que será adicionado ao total de prestação de seus serviços ofertados ao SUS, observado o limite máximo de 10% (dez por cento), conforme estabelecido em ato do Ministro de Estado da Saúde.

A entidade de saúde deverá ainda informar, obrigatoriamente, ao Ministério da Saúde, na forma por ele estabelecida:
I. a totalidade das internações e atendimentos ambulatoriais realizados para os pacientes não usuários do SUS;
II. a totalidade das internações e atendimentos ambulatoriais realizados para os pacientes usuários do SUS; e
III. as alterações referentes aos registros no Cadastro Nacional de Estabelecimentos de Saúde - CNES.
A entidade deverá manter o Cadastro Nacional de Estabelecimentos de Saúde — CNES atualizado, de acordo com a forma e o prazo determinado pelo Ministério da Saúde. (Incluído pela Lei n° 12.453, de 2011)
A entidade de saúde que presta serviços exclusivamente na área ambulatorial deverá observar o disposto nos incisos I e II do art. 4°, comprovando, anualmente, a prestação dos serviços no percentual mínimo de 60% (sessenta por cento). (Redação dada pela Lei n° 12.453, de 2011).
Os seguintes tipos de serviços passaram a ser considerados.

- serviços de atenção em regime residencial e transitório, de atendimento e acolhimento, a pessoas com transtornos decorrentes do uso, abuso ou dependência de substância psicoativa;
- serviços de atuação exclusiva na promoção de saúde, sem a exigência de contraprestação do usuário pelas ações e serviços de saúde realizados;
- prestação de serviços de atenção em regime residencial e transitório, incluindo as comunidades terapêuticas, mediante a execução de ações de promoção à saúde para pessoas com transtornos decorrentes do uso, abuso ou dependência de drogas, sendo imprescindível a comprovação da aplicação de no mínimo 20% da receita bruta em ações de gratuidade.

Para uma análise mais detalhada dos critérios, documentos necessários e procedimentos, o leitor deverá acessar o link <http://www.saude.gov.br> no link Cebas — Saúde.

*Redação dada pela Lei n° 12.868 de 2013.

***NOTA**: descrevi os critérios estabelecidos pela Lei n° 12.868/2013, porém as entidades de educação podem manter os critérios da Lei n° 12.101/2009 até o exercício de 2015, escolhendo aquele que lhe for mais vantajoso. Os critérios foram estabelecidos pela Lei n° 12.101/2009 e alterados pela Lei n°

12.868/2013. Portanto, os critérios estabelecidos pelas duas leis devem ser cuidadosamente analisados para a sua adoção pela entidade de educação, mas após o exercício de 2015 valerão apenas aqueles que foram aqui descritos, estabelecidos pela Lei nº 12.868/2013.

Alterações gerais: a Lei nº 12.868/2013 alterou vários itens da Lei nº 12.101/2009, pincipalmente com relação às disposições quanto ao processamento do pedido de renovação de certificado e a sua validade. Portanto, sugiro às entidades portadoras do Cebas que façam uma análise detalhada das alterações para o cumprimento dos dispositivos legais sem risco de perda do Cebas.

BENEFÍCIOS E REQUISITOS

A entidade beneficente certificada na forma do Capítulo II da Lei nº 12.101/2009 fará jus à isenção do pagamento das contribuições de que tratam os arts. 22 e 23 da Lei nº 8.212/1991, desde que atenda, cumulativamente, aos seguintes requisitos:

Art. 29 da Lei nº 12.101/2009 — requisitos para isenção do pagamento de contribuições sociais:

I. não percebam seus diretores, conselheiros, sócios, instituidores ou benfeitores, remuneração, vantagens ou benefícios, direta ou indiretamente, por qualquer forma ou título, em razão das competências, funções ou atividades que lhes sejam atribuídas pelos respectivos atos constitutivos; (observe que este critério foi alterado pela Lei nº 12.2868/2013)

II. aplique suas rendas, seus recursos e eventual superávit integralmente no território nacional, na manutenção e desenvolvimento de seus objetivos institucionais;

III. apresente certidão negativa ou certidão positiva com efeito de negativa de débitos relativos aos tributos administrados pela Secretaria da Receita Federal do Brasil e certificado de regularidade do Fundo de Garantia do Tempo de Serviço (FGTS);

IV. mantenha escrituração contábil regular que registre as receitas e despesas, bem como a aplicação em gratuidade de forma segregada, em consonância com as normas emanadas do Conselho Federal de Contabilidade;

V. não distribua resultados, dividendos, bonificações, participações ou parcelas do seu patrimônio, sob qualquer forma ou pretexto;

VI. conserve em boa ordem, pelo prazo de 10 (dez) anos, contado da data da emissão, os documentos que comprovem a origem e a aplicação de seus recursos e os relativos a atos ou operações realizados que impliquem modificação da situação patrimonial;

VII. cumpra as obrigações acessórias estabelecidas na legislação tributária;

VIII. apresente as demonstrações contábeis e financeiras devidamente auditadas por auditor independente legalmente habilitado nos Conselhos Regionais de Contabilidade quando a receita bruta anual auferida for superior ao limite fixado pela Lei Complementar nº 123, de 14 de dezembro de 2006.

O que atualmente corresponde a R$ 3.600.000,00 no ano.

Informações adicionais

Até aqui, todas as etapas para a criação de uma entidade sem fins lucrativos devidamente registrada nos órgãos responsáveis foram cumpridas. Agora cabe esclarecer que, em geral, apenas as entidades sem fins lucrativos de interesse social podem seguir este último passo, ou seja, uma entidade sem fins lucrativos de interesse específico, como os conselhos de atividades profissionais regulamentadas, não pode obter os registros de que tratei.

Por outro lado, uma entidade sem fins lucrativos de interesse social não é obrigada a obter esses títulos e qualificações — eles são opcionais, mas trazem algum benefício e isenção fiscal ou podem facilitar o processo de captação de recursos. Também dão mais credibilidade à ONG, uma vez que impõem certo controle e prestações de contas periódicas.

Por essa razão, a seguir apresento alguns conceitos importantes para a definição do modelo de gestão que a ONG deseja assumir.

CONCEITOS NA GESTÃO

Na criação e, principalmente, na gestão da entidade alguns conceitos relevantes devem ser considerados e usados a fim de que toda a organização funcione e obtenha resultados condizentes com sua máxima capacidade. Para isso, elenco como principais tópicos os seguintes conjuntos: stakeholders, *accountability* e governança corporativa.

Stakeholders

Os stakeholders são definidos por Freeman[9] como toda pessoa ou grupo que pode afetar ou ser afetado pela empresa ao conseguir os seus objetivos. Com o início da Teoria dos Stakeholders de Donaldson e Preston,[10] organizações começaram a prestar atenção aos méritos de outros grupos de pessoas que não fossem exclusivamente os acionistas ou proprietários da empresa. Essa visão expande o intento das funções organizacionais e estabelece apreciações mais rigorosas quanto ao uso de recursos por parte da organização, seu planejamento, o sistema de comunicação interno e dos produtos e serviços, entre outras.

O termo stakeholders ("interveniente") foi indicado para marcar todas as pessoas ou empresas que, de algum modo, são entusiasmadas pelas atuações de uma organização. Ou seja, é todo aquele que se identifica como parte interessada, a quem a entidade deve ou pretende prestar contas.

Como as entidades do Terceiro Setor não se relacionam com um público preferencial, como é o caso dos clientes nas empresas de mercado, mas têm diversos públicos com desiguais expectativas, os stakeholders podem ser uma ótima ferramenta estratégica para a tomada de decisão. Afinal, a entidade busca (ou deve buscar) acolher a todos, e eles poderiam, de certo modo, ser analisados como clientes. A organização precisa identificar claramente seus stakeholders para que as expectativas e as perspectivas do grupo estejam alinhadas à missão da ONG. As estratégias adotadas pelos stakeholders devem ser as mesmas que a organização considera adequadas para sua proposta.

---

[9] FREEMAN, R. E. *Strategic Management: a Stakeholder Approach*. Boston: Pitman/Ballinger, 1984.

[10] DONALDSON, T.; PRESTON, L. E. The Stakeholder Theory of the Corporation: Concerns, Evidence and Implications. *Academy of Management Review*, New York, v. 20, n. 1, p. 65-91, jan. 1995.

Segundo Zeithaml, Parasuraman e Berry, no livro *Delivering quality service* (Entregando serviço de qualidade, em tradução livre), quanto maior o preço de um serviço, maior é a expectativa desenvolvida pelo cliente com relação à sua qualidade — e eu concordo com essa teoria. Quando falamos de serviços gratuitos, em geral a perspectiva dos beneficiários tende a ser baixa. E muitas vezes isso acontece em relação aos serviços prestados pelas entidades do Terceiro Setor, quando os beneficiários observam os serviços como ações de caridade e por isso não se sentem no direito de reivindicar nada além do que lhes é oferecido. Ou seja, as pessoas acham que estão recebendo um benefício e, portanto, devem se considerar satisfeitas. Essa visão é muitas vezes alimentada pelas próprias organizações do Terceiro Setor, que desejam manter uma relação assistencialista/paternalista com os favorecidos. Diante disso, se a avaliação se basear apenas em expectativas e percepções dos beneficiários, o serviço tende a ser sempre considerado de alta qualidade, o que pode não ser exatamente a verdade.

Por essa razão, quando a ONG adota a gestão por stakeholders, eles contribuem para o rigor da organização quanto à qualidade de seus serviços e, além disso, têm uma ótima aplicação na área de captação de recursos e prestação de contas. As ONGs devem conhecer claramente todos os seus stakeholders e estabelecer o melhor processo de transparência e prestação de contas.

Accountability

Accountability é a prática de prestação de contas de atos e gastos públicos por parte de agentes governamentais e da sociedade.

A questão de transparência nas ONGs merece destaque porque elas não são simples prestadoras de serviços, mas agentes de transformação social, e a necessidade de prestação de contas à sociedade deve ser articulada de acordo com essa responsabilidade sociopolítica da organização.

A *accountability* é uma relação de responsabilidade mútua que envolve sociedade civil e Estado. Ou seja, da mesma maneira que o cidadão tem de responder por seus atos às organizações e ao Estado, também as organizações e o Estado devem responder ao cidadão.

Quero dizer com esse conceito que o comportamento daqueles que prestam serviços públicos, incluindo as entidades do Terceiro Setor, é consequência direta das atitudes e dos comportamentos dos cidadãos a quem servem e, dessa maneira, no momento em que não é possível encontrar cidadãos que sejam vigilantes e possuam plena consciência de seus direitos, a efetividade da *accountability* não existe.

No entanto, para a implantação do conceito de *accountability* no Brasil, ainda falta a pressão por parte da clientela sobre os serviços públicos para que haja melhoria na qualidade desses serviços; é preciso lutar por mais conscientização em relação à cidadania pessoal, comunitária e nacional; além de um controle que não seja realizado apenas pelo próprio Estado (como impõe a Constituição Federal, ao delegar esse processo ao Tribunal de Contas da União — TCU), mas também às categorias classistas, às associações independentes, aos cidadãos individuais.

Débora Nacif de Carvalho divide a prática de *accountability* nas organizações sem fins lucrativos do seguinte modo: *accountability* funcional, cujo foco está na captação de recursos; e *accountability* estratégica, que tem como objetivo os impactos que as ações da organização causam em outras organizações e no meio ambiente. Ambos os fatores são imprescindíveis, porém as organizações ainda não conseguiram desenvolver um método que meça os impactos que suas ações causam em outras organizações, portanto, o segundo fator não é uma prática comum.

Ainda assim, é vital que as entidades que realizam serviços à população também se sintam compelidas a se deixar fiscalizar por aqueles a que servem, e a melhor maneira de fazer isso é abrindo as contas à transparência pública. Como disse, a implementação da *accountability* depende principalmente da fiscalização, do controle e da cobrança dos cidadãos sobre aqueles que estão na gestão dos recursos públicos. As prestações de contas, salvo raras exceções, estão muito atreladas ao valor recebido e à comprovação dos gastos através dos documentos formais.

A capacidade de praticar a *accountability* nas entidades do Terceiro Setor é um fator crítico para o sucesso porque é necessário que a instituição exponha de maneira clara e coerente sua performance na busca por parcerias e credibilidade aos formadores de opinião. Desenvolver a prática da *accountability* é um ponto de extrema relevância que impacta a concretização da missão da ONG e o alcance da sustentabilidade em suas ações.

Governança corporativa

O planejamento, a implantação e a manutenção da sustentabilidade econômico-financeira dependem de vários fatores, como já vimos, mas é fundamental que esse desafio esteja atrelado à estrutura de governança da ONG.

Ainda que não seja objetivo das entidades do Terceiro Setor distribuir resultados financeiros, existe uma evidente relação entre os gestores da organização (agentes) e seus doadores e voluntários (principais), e é importante estabelecer essa relação de modo que os interesses não entrem em conflito.

Assim, é essencial que haja uma ideia clara e petrificada do que é o papel da governança em uma entidade sem fins lucrativos. Para a Organização para a Cooperação e Desenvolvimento Econômico (OECD, do inglês Organization for Economic Co-operation and Development), a governança corporativa serve para direcionar e estruturar os negócios das empresas, atribuindo as responsabilidades e os direitos de cada participante da ONG, desde os acionistas até os dirigentes e os stakeholders.

Não importa o setor da economia da empresa, nenhuma área pode se empenhar apenas em atender aos interesses dos proprietários ou acionistas ou de doadores e mantenedores; antes devem ampliar os relacionamentos que interferem direta ou indiretamente nos negócios realizados, e sua principal missão é manter a melhoria da qualidade dessas relações com transparência e gestão socialmente responsáveis. Por isso, a governança corporativa, ao tratar da transparência, deve se apresentar como um novo modelo de gestão para empresas que buscam atingir um nível diferenciado de relação com os investidores e o mercado.

Nesse sentido, somente por meio das boas práticas de governança é possível minimizar os chamados "conflitos de agência", que acontecem quando o agente principal (quase sempre o acionista) delega ao agente executor (no caso, a direção executiva da corporação) as decisões que poderão aumentar os resultados da empresa em benefício do acionista. Se mesmo determinados comportamentos oportunistas do executor podem conflitar com o objetivo do agente principal, que dirá quando, além de proprietários e gestores, outras partes interessadas, internas e externas, são alcançadas pelos propósitos corporativos. Tudo isso origina uma complexidade enorme, que aumenta a responsabilidade da governança.

A própria Lei nº 9.790/1999, criada pelo Conselho da Comunidade Solidária, introduziu importantes alterações no cenário legal do Terceiro Setor. É a partir dela que começam a ser utilizados os bons princípios de governança corporativa, dentre os quais, segundo Carvalho, em seu artigo "Governança corporativa no Brasil em perspectiva":

- monitoramento da gestão executiva pelo conselho;
- remuneração do trabalho executivo conforme padrões de mercado;
- obrigatoriedade da publicação de relatórios e contas;
- auditoria periódica das organizações (somente as Oscips que tenham o Termo de Parceria com valor acima de 600 mil reais).

Ainda pensando nesse conceito, a governança corporativa evidencia-se na prestação de contas do Termo de Parceria, que deve ser realizada de modo direto ao órgão parceiro por meio de relatórios de execução do objeto, incluindo a comparação entre as metas e os respectivos resultados, demonstrativo da receita e das despesas efetivadas, bem como o extrato da execução física e financeira publicada.

Apesar desse quadro legal muito complexo, entendo que, se houver a implantação bem elaborada da boa governança em uma entidade, isso pode resultar em benefícios para todas as partes envolvidas no trabalho da ONG.

A governança corporativa busca estabelecer padrões de comportamento que levam à eficiência, ao desenvolvimento e ao tratamento dado aos acionistas e a outras partes interessadas, tendo por base princípios definidos pela ética aplicada à gestão de negócios e, também, mantendo a equidade entre todos os setores e todas as vozes dentro da ONG.

Tenho participado de alguns projetos de implantação do conceito de governança em ONGs. Em geral, o primeiro passo é revisar a estrutura formal com base no estatuto e no regimento interno. Essa revisão deve ser feita no contexto da estrutura propriamente dita e de suas atribuições e responsabilidades. Veja:

- A assembleia dos associados é o órgão máximo de uma ONG. O estatuto define suas atribuições e suas responsabilidades. Para isso, há no mínimo uma reunião por ano para aprovação das contas.
- O Conselho de Administração é o órgão responsável pela estratégia e grandes definições. No mínimo, deveria ser responsável por estabelecer os objetivos estratégicos, o plano anual de atividades e o orçamento. Também deveria avaliar os resultados anuais por meio das prestações de contas.
- O Conselho Fiscal é o órgão de assessoria aos associados que fiscaliza e opina sobre os atos da diretoria, incluindo as prestações de contas como demonstrações contábeis e relatório de atividades, no mínimo. Deveria ter acesso a todo o planejamento estratégico e anual opinando também sobre o orçamento.

Essa é a estrutura, mas para que ela funcione precisa ser instituída o que chamo de "dinâmica da governança", que estabelece não só os relatórios e as ferramentas periódicas para a análise dos resultados como também a frequência das reuniões e o público participante.

Muitos dizem que esse modelo não funciona porque esses órgãos são tipicamente de trabalho voluntário e não se pode obrigar a participação — mas talvez não seja bem assim, porque os administradores estatutários devem ter consciência de suas responsabilidades civis e criminais e, por vezes, não são incentivados com uma estrutura de governança funcional.

Nessa linha de raciocínio, tenho sugerido às ONGs a implantação de uma estrutura de governança de baixo para cima, reportando mensalmente os resultados por meio de atas aos conselhos e eventualmente à diretoria voluntária, além de convidar qualquer membro a participar de qualquer reunião mensal. Isso faz com que no nível operacional haja um ótimo entendimento entre os gestores de projetos e das áreas financeira, jurídica, contábil, ou seja, de todas as áreas da ONG.

REFERÊNCIAS BIBLIOGRÁFICAS

AGUIAR, Andson Braga de; MARTINS, Gilberto de Andrade. A teoria das estruturas organizacionais de Mintzberg e a gestão estratégica de custos: um estudo nas ONGs paulistas. *Rev. contab. finanç.* [on-line]. 2006, vol. 17, n.spe, p. 51-64 ISSN 1808-057X.

ANDRADE, José Célio Silveira. Formação de Estratégias Socioambientais Corporativas: os Jogos Aracruz Celulose-Stakeholders. In: ENCONTRO DA ASSOCIAÇÃO NACIONAL DOS PROGRAMAS DE PÓS-GRADUAÇÃO EM ADMINISTRAÇÃO, 25, 2001, Campinas. *Anais do XXV EnANPAD*. Campinas: ANPAD, 2001.

ARAÚJO, Osório Cavalcanti. *Contabilidade para organizações do Terceiro Setor*. São Paulo: Atlas, 2005.

ASSAF NETO, Alexandre; ARAUJO, Adriana Maria Procópio de; FREGONESI, Mariana Simões Ferraz do Amaral. Gestão baseada em valor aplicada ao terceiro setor. *Rev. contab. finanç.* [on-line]. 2006, vol. 17, n.spe, p. 105-118. ISSN 1808-057X.

BARBOSA, Ricardo R. Monitoração Ambiental: uma Visão Interdisciplinar. *Revista de Administração*, São Paulo, v. 32, n. 4, p. 42-53, out./dez. 1997.

BARROS, Paulo Franceschelli de Aguiar Barros. *ONGs em crise*: estratégias de comunicação de ONGs em crise de imagem institucional. 2010. Dissertação (Mestrado em Comunicação) — Faculdade Cásper Líbero, São Paulo, 2010.

BASÍLIO, Patrícia Cristina. Diversos grupos da sociedade são beneficiados pelas Oscips, entidades que recebem verbas federais para o desenvolvimento de projetos sociais. *Espa-*

ço *Cidadania*, São Paulo, ano 4, n. 48, 2007. Disponível em: <http://www.metodista.br/cidadania/numero-48/oscip-tem-mais-obrigacoes-legais/>. Acesso em: 21 ago. 2009.

BETTIOL JÚNIOR, Alcides. *Formação e destinação do resultado em entidades do terceiro setor*: um estudo de caso. 2005. 116 f. Dissertação (Mestrado em Ciências Contábeis) — Faculdade de Economia, Administração e Contabilidade, Universidade de São Paulo, São Paulo, 2005.

BINDER-AVILES, Hilary. *O guia das ONGs*. Departamento de Estados dos Estados Unidos, 2012.

BONSTEIN, David. *Como mudar o mundo*: empreendedores sociais e o poder das novas ideias. Rio de Janeiro: Record, 2005.

BRAGA, Roberto; MARQUES, José Augusto Veiga da Costa. Fundamentos conceituais da demonstração dos fluxos de caixa: significado, vantagens e limitações. *Algumas evidências*. Cad. estud. [on-line]. 1996, n.14, p. 1-23. ISSN 1413-9251.

BRASIL. Ato Normativo nº 168/98-PGJ-CGMP, de 21 de dezembro de 1998. Aprova o Manual de Atuação Funcional dos Promotores de Justiça do Estado de São Paulo.

______. Instrução Normativa RFB nº 748, de 28 de junho de 2007 (art. 2º). Dispõe sobre o Cadastro Nacional da Pessoa Juridica (CNPJ). *Diário Oficial da União*, 2 jul. 2007.

______. Resolução nº 177, Conselho Nacional de Assistência Social (CNAS) de 10 de agosto de 2000. *Diário Oficial da União*, Brasília, nº 157-E — Seção 1 — terça-feira, 15 ago. 2000.

______. Decreto nº 50.517, de 2 de maio de 1961. Regulamenta a Lei nº 91, de 28 de agosto de 1935, que dispõe sobre a declaração de utilidade pública. Brasília, *Diário Oficial da União*, terça-feira, 2 maio 1961.

______. Lei nº 10.406, de 10 de janeiro de 2002. Institui o Código Civil (Novo Código Civil). *Diário Oficial da União*, Brasília, sexta-feira, 11 jan. 2002.

______. Lei nº 13.019, de 31 de julho de 2014. Estabelece o regime jurídico das parcerias voluntárias. *Diário Oficial da União*, Brasília, 1º ago. 2014.

______. Lei nº 91, de 28 de agosto de 1935. Determina regras pelas quais são as sociedades declaradas de utilidade pública. (Alterada pela Lei nº 6.639, de 8.5.1979). Rio de Janeiro, *Diário Oficial da União*, quarta-feira, 04 set. 1935.

______. Ministério do Desenvolvimento Social e Combate à Fome. *Prestação de Contas*. Brasília: MDSCF, 2009. Disponível em: <http://www.mds.gov.br/institucional/fundo-nacional-de-assistencia-social-fnas/prestacao-de-contas>. Acesso em: 23 nov. 2009.

BUENO, Wilson C. A transparência na comunicação empresarial. *Comunicação Empresarial* [on-line — artigos]. São Paulo. Disponível em: <http://www.comunicacaoempresarial.com.br/comunicacaoempresarial/artigos/comunicacao_corporativa/artigo7.php>. Acesso em: 25 nov. 2009.

BUSHMAN, Robert M.; PIOTROSKI, Joseph D. What Determines Corporate Transparency? *Journal of Accounting Research*, Hoboken-NY, v. 42, n. 2, p. 207-252. Maio, 2004.

CAMARGO, Mariângela F. et al. *Gestão do Terceiro Setor no Brasil*: Estratégias de captação de recursos para organizações sem fins lucrativos. São Paulo: Futura, 2001.

CARESIA, Gislaine. *ONG internacional – Classificação e participação no sistema das nações unidas*. Disponível em: <http://www.conpedi.org.br/manaus/arquivos/anais/bh/gislaine_caresia.pdf>. Acesso em: 8 jan. 2014.

CARRION, Rosinha Machado. Organizações privadas sem fins lucrativos: a participação do mercado no terceiro setor. *Tempo soc*. [on-line]. 2000, vol.12, n. 2, p. 237-255. ISSN 0103-2070.

CARVALHO, Antonio Gledson de. Governança corporativa no Brasil em perspectiva. *Revista de Administração*, São Paulo, v. 37, n. 3, p. 19-32, julho/setembro 2002.

CARVALHO, Débora Nacif de. *Gestão e Sustentabilidade*: um estudo multicaso em ONGs ambientalistas em Minas Gerais. 2006. 157 f. Dissertação (Mestrado em Administração de Empresas) — Universidade Federal de Minas Gerais, Centro de Pós-Graduação e Pesquisa em Administração, Belo Horizonte, 2006.

CARVALHO, Sonia Nahas de. *Plano diretor em Santos*: Política negociada. São Paulo Perspec., jan. 2001, vol. 15, n. 1, p. 121-134. ISSN 0102-8839

CASAS, Lucy de Las; LLOYD, Robert. NGO self-regulation: enforcing and a balancing accountability. *Charity Commission*, London, n. 210180, ago. 2006. Disponível em: <http://www.oneworldtrust.org/csoproject/images/documents/2006_NGO_Self-Regulation_-_Enforcing_and_Balancing_Accountability.pdf >. Acesso em: 23 nov. 2009.

CONSELHO FEDERAL DE CONTABILIDADE. *Manual de procedimentos contábeis e prestação de contas das entidades de interesse social*. Brasília: CFC, 2003.

———. *Manual de procedimentos contábeis e prestação de contas das entidades de interesse social*. 2. ed. Brasília: CFC, 2004.

DONALDSON, T.; PRESTON, L. E. The Stakeholder Theory of the Corporation: Concerns, Evidence and Implications. *Academy of Management Review*, New York, v. 20, n. 1, p. 65-91, jan. 1995.

DOWBOR, Ladislau. Tendências da gestão social. *Saúde soc.* [on-line]. 1999, vol. 8, n. 1, p. 3-16. ISSN 0104-1290.

EL HAJJ, Zaina Said; LISBOA, Lázaro Plácido. *Business combinations e consolidação das demonstrações contábeis*: uma abordagem comparativa entre os pronunciamentos e normas dos US-GAAP, IASC e Brasil. Rev. contab. finanç. [on-line]. 2001, vol. 12, n. 27, p. 33-58. ISSN 1808-057X.

FALCONER, Andrés Pablo. *A promessa do Terceiro Setor*: um estudo a construção do papel das organizações sem fins lucrativos e de seu campo de gestão. São Paulo: 1999.

FAMÁ, Rubens; BRUNI, Adriano Leal. *As decisões de investimentos*. São Paulo: Atlas, 2003.

FERNANDES, Rubem César. *Privado, porém público*. 2. ed. Rio de Janeiro: Relume Dumará, 1997.

FERRAREZI, Elisabete. *OSCIP*: Saiba o que são organizações da sociedade civil de interesse público. Brasília: AED, 2002.

FREEMAN, R. E.; REED, D. E. Stockholders and Stakeholders: a New Perspective on Corporate Governance. *California Management Review*, Miami, v. 25, n. 3, p. 88-103, Spring 1983.

GASPARINI, Diógenes. Associação de utilidade pública: declaração. *Cadernos de Direito Municipal*, São Paulo, ano XIX, n. 77, jan.-mar. 1986.

GIL, Peter. Alguns aspectos da reforma da inteligência na América Latina. *Varia hist.*, jun. 2012, vol. 28, n. 47, p. 101-120. ISSN 0104-8775

GODOY, A. S. Pesquisa qualitativa: tipos fundamentais. *Revista de Administração de Empresas*, São Paulo, v. 35, n. 3, p. 20-29, 1995.

GOHN, M. da G. *Os Sem-Terra, ONGs e Cidadania*. 2. ed. São Paulo: Cortez, 2000.

GOLDSTEIN, I. S. *Responsabilidade social*: das grandes corporações ao terceiro setor. São Paulo: Ática, 2007.

IBGE. Gerência do Cadastro Central de Empresas. *As fundações privadas e associações sem fins lucrativos no Brasil 2005*. Rio de Janeiro: IBGE, 2008. (Estudos e pesquisas. Informação econômica, n. 8), p. 47.

IORIO, Cecília. Normas, procedimentos e instrumentos de transparência das organizações da sociedade civil sem fins lucrativos do Brasil. In: BRITO, Márcia; MELO, Maria Emilia (orgs.). *Hábitos de doar e captar recursos no Brasil.* Ciclo Assessoria para o Desenvolvimento. São Paulo: Peirópolis, 2007, p. 71.

IUDÍCIBUS, Sérgio. MARTINS, Eliseu; GELBCKE, Ernesto R. *Manual de contabilidade das sociedades por ações*: aplicável às demais sociedades. 7. ed. São Paulo: Atlas, 2007.

JORDAN, Lisa. Mechanisms for NGO Accountability. *Gppi Research Paper Series*, Berlin, n. 3, fev. 2005, p. 1-20. Disponível em: <http://www.globalpublicpolicy.net/fileadmin/gppi/Jordan_Lisa_05022005.pdf>. Acesso em: 23 nov. 2009.

LEAL, Edvalda Araújo; FAMÁ, Rubens. Governança nas Organizações do Terceiro Setor: um estudo de caso. In: SEMEAD, 10, 2007, São Paulo. *Anais...*, 2007. Disponível em: <http://

www.ead.fea.usp.br/Semead/10semead/sistema/resultado/trabalhosPDF/400.pdf>. Acesso em: 22 nov. 2009.

LOPES, José Rogério. Terceiro setor: a organização das políticas sociais e a nova esfera pública. *São Paulo Perspec.* [on-line]. 2004, vol.18, n.3, p. 57-66. ISSN 0102-8839.

LOPES, 2005, apud KNIPHOFF, Dione; NAZZARI, Miriam; OLIVEIRA, Valcir. Terceiro Setor e inclusão social: o caso da Oscip nova aliança no oeste do Paraná. *Ciências Sociais em Perspectiva*, Cascavel-PR, v. 5, n. 9, 2° sem, 2006, p. 95-108.

MACIEL, Zeneide Nunes. *ONG*: uma história de vida solidária. Recife: Universidade Católica de Pernambuco, 2006.

MADEIRA, Felícia Reicher; BIANCARDI, Miriam Ribeiro. O desafio das estatísticas do Terceiro Setor. *São Paulo Perspec.* [on-line]. 2003, vol. 17, n. 3-4, p. 177-184. ISSN 0102-8839.

MÂNICA, Fernando Borges. OSCIP, remuneração de dirigentes e repercussões tributárias. *Responsabilidade Social*, Brasília, 15 jul. 2003. Disponível em: <http://www.responsabilidadesocial.com/article/article_view.php?id=142>. Acesso em: 21 ago. 2009.

MARCOVITCH, Jacques. Da exclusão à coesão social: profissionalização do Terceiro Setor. In: IOSCHPE, Evelyn Berg; VOIGT, Léo; SARAIVA, Hélvio; FALCÃO. *Terceiro Setor*: Desenvolvimento Nacional Sustentado. Rio de Janeiro: Paz e Terra, 1997. p. 121.

MARQUES, Daniel Siqueira Pitta; MERLO, Edgard Monforte; NAGANO, Marcelo Seido. A questão da avaliação da legitimidade de ONGs. *Caderno de Pesquisas em Administração*. São Paulo, 2005.

MAXIMIANO, A. C. A. *Administração de Projetos*: Como transformar ideias em resultados. 2. ed. São Paulo: Atlas, 2002.

MENEZES, Franciane Cristina de. O Serviço Social e a "responsabilidade social das empresas": o debate da categoria profissional na Revista Serviço Social & Sociedade e nos CBAS. *Serv. Soc. Soc.* [on-line]. 2010, n.103, p. 503-531. ISSN 0101-6628.

MILANI FILHO, Marco Antonio Figueiredo. Responsabilidade social e investimento social privado: entre o discurso e a evidenciação. *Rev. contab. finanç.* [on-line]. 2008, vol. 19, n. 47, p. 89-101. ISSN 1808-057X.

MODESTO, Paulo. Reforma Administrativa e marco legal das organizações sociais no Brasil. *Boletim de Direito Administrativo*, São Paulo, ano XIV, nº 4, abr., 1998, p. 240.

NAZARÉ, Rosangela Chagas de. *ONG descomplicada*. Disponível em: <https://www2.mp.pa.gov.br/sistemas/gcsubsites/upload/39/ONGDescomplicada.pdf>. Acesso em: 8 jan. 2014.

NAZZARI, Rosana Katia. *Capital Social, cultura e socialização política*: A Juventude Brasileira. 2003. Tese (Doutorado em Ciência Política) — Universidade Federal do Rio Grande do Sul, Porto Alegre, 2003.

OLAK, Paulo Arnaldo. *Contabilidade de Entidades sem Fins Lucrativos não Governamentais*. 1996. Dissertação (Mestrado em Ciências Contábeis) — FEA/USP, Universidade de São Paulo, São Paulo, p. 110, 1996.

OLAK, Paulo Arnaldo; NASCIMENTO, Diogo Toledo do. *Contabilidade para Entidades sem Fins Lucrativos (Terceiro Setor)*. São Paulo: Atlas, 2006. p. 6.

ORGANISATION FOR ECONOMIC CO-OPERATION AND DEVELOPMENT (Organização para a Cooperação e Desenvolvimento Econômico — OECD). *OECD Principles of corporate governance*. Paris: OECD, 1999.

PINTO, Céli Regina Jardim. *A sociedade civil e a luta contra a fome no Brasil (1993-2003)*. *Soc. estado.*, Brasília, vol. 20, n. 1, p. 195-228, jan.-abr., 2005.

REGULES, Luis Eduardo Patrone. *Terceiro Setor*: Regime Jurídico das OSCIPS. São Paulo: Método, 2006. p. 139.

SALES, Cristina. *Marketing social, comunicação e participação: desafios na gestão de uma ONG brasileira*. Fundação Getulio Vargas. Rio de Janeiro, 2006.

SANTOS, Luiz Miguel Luzio dos. *O Modelo das OSCIP*: Um estudo de instituições educacionais profissionalizantes na cidade de Londrina. 2002. Dissertação (Mestrado em Administração) — Universidade Estadual de Londrina, Londrina, 2002.

SILVA, Carlos Eduardo Guerra. Gestão, legislação e fontes de recursos no terceiro setor brasileiro: uma perspectiva histórica. *Rev. Adm. Pública* [on-line]. 2010, vol. 44, n. 6, p. 1301-1325. ISSN 0034-7612.

SILVA, Eduardo Krieger da. *Os efeitos da Lei nº 9.790/1999 face ao gerenciamento de duas associações privadas qualificadas como organizações da sociedade civil de interesse público de Itajaí*. 2005. 142 f. Dissertação (Mestrado em Administração) — Centro de Educação de Biguaçu, Universidade do Vale do Itajaí, Biguaçu-SC, 2005.

SZAZI, E. *Terceiro Setor*: Regulação no Brasil. São Paulo: Peirópolis, 2000.

TENÓRIO, Fernando G. (org.). *Gestão de ONGs*: principais funções gerenciais. 5. ed. São Paulo: FGV, 2001, p. 19.

TÓFOLI, I. *Administração financeira empresarial*: uma tratativa prática. Campinas: ArteBrasil/Unisalesiano, 2008.

TORO, José Bernardo. O papel do Terceiro Setor em sociedades de baixa participação (quatro teses para discussão). In: IOSCHPE, Evelyn Berg; VOIGT, Léo; SARAIVA, Hélvio; FALCÃO. *Terceiro Setor*: Desenvolvimento Nacional Sustentado. Rio de Janeiro: Paz e Terra, 1997. p. 36.

TOZZI, José Alberto. 2010. *Prestação de contas no terceiro setor*: A dicotomia do marco regulatório. Dissertação (Mestrado) — Pontifícia Universidade Católica (PUC-SP), São Paulo, 2010.

TRIBUNAL DE CONTAS DA UNIÃO. *Prestação e tomada de contas*. Disponível em: <http://port al2.tcu.gov.br/portal/page/portal/TCU/comunidades/contas/prestacao_tomada>. Acesso em: 7 dez. 2008.

TSAI, P. Y.; YAMAMOTO, M. M. Governança corporativa: Análise comparativa entre o setor privado e o terceiro setor. In: CONGRESSO CONTABILIDADE E CONTROLADORIA, 5. Outubro/2005, São Paulo. *Anais*... São Paulo: USP, 2005.

VALARELLI, Leandro Lamas. *Gestão do Terceiro Setor*: uma noção ampliada de captação de recursos. Disponível em: <http://www.rits.org.br>. Acesso em: 23 nov. 2009.

VOLTOLINI, Ricardo. *Terceiro setor* | Planejamento & gestão. São Paulo: Senac, 2011.

ZEITHAML, V. A.; PARASURAMAN, A.; BERRY, L. L. *Delivering Quality Service*. New York: The Free Press, 1990.

Este livro foi impresso pela Yangraf em
papel pamo classic 70 g.